青春励志文学馆·少年成长智慧故事

# 学会选择，懂得放弃

文祺 段红霞 ◎ 编著

长 春

## 成长寄语

人的一生要做很多选择。入学、找工作、交友、婚恋……都要进行选择。选择的反面就是放弃，选择就意味着放弃，放弃同时也意味着选择。选择熊掌就要放弃鲜鱼，选择繁华就要放弃幽静，选择充实就要放弃悠闲。如果说选择是人生路上的航标，那么放弃就是人生的隧道。选择和放弃就像物体的正反面一样。

选择，首先要做的就是学会控制自我。生活中有太多太多插着鲜花的陷阱，面对这些诱惑抑或威胁，只有更好地把握自己，才能做出正确的选择。

生活中很多事情都是选择的结果，而每个选择必然都有个反面，即放弃。拿报纸出版来说，从头版新闻到影视评论，每个版面的组成都是编辑选择的结果。选择刊登这条消息，就必须放弃另一些内容。这样做只是为了在狭小的空间里，争取把最有价值的东西摆在读者面前。再比如大学生毕业后，都会考虑是找工作，还是出国留学，或者是考研，或者是去西部做志愿者，选择其中一个，你就得放弃另外的几个，甚至可以这样说，只有当你能够放弃其他的方式，你才能安心地选择剩下的一种。

有个小男孩写了一篇题为《我的梦想》的作文。这天放学回家，他兴致勃勃地把作文交给父亲看。作文中写道："我有两个梦想，一是做一名为人师表的老师，另一个是想当一名歌唱家。"小男孩坐在一把椅子上欢快地喝着稀粥，期待着父亲一如既往的褒奖。可父亲却紧蹙眉头，抚摸着小男孩的头说："孩子，你要想获得成功，就得在当教师和歌唱家之间做出取舍。这就好比你同时坐在两把椅子上，很可能会从椅子中间摔下来，所以要想坐得更稳固、更舒适的话，你就必须只选一把椅子。"后来小男孩选择了唱歌，从小学、中学至大学，他锲而不舍地朝着这个梦想追求不懈，终于成为歌坛超级巨星。他就是意大利著名歌唱家帕瓦罗蒂。帕瓦罗蒂明智地放弃了当老师这个梦想，而选择了为成为歌唱家而奋斗，最终他取得了成功。

人生就是选择，或彼或此，我们无时无刻不在选择。正是因为有不同的选择，所以才会有千差万别的结局，才会有千姿百态的人生。人总是在选择中前进。选择，是量力而行的睿智和远见，学会选择就是学会审时度势、扬长避短、把握时机和明智的放弃。

# 目录 Contents

## 第一章 选择主宰命运,放弃成就人生

越是苛求完美,最终反而不美 ...... 002
舍得是大智慧,有所舍才能有所得 ...... 006
放弃盲目的坚持,才能赢得转机 ...... 010
放弃是为了调整自我,然后向新的选择挺进 ...... 014
人心不足蛇吞象,见好就收才是好 ...... 018

## 第二章 会选择懂放弃,是人生最大的智慧

人生没有回头路,每一步都要慎重选择 ...... 024
你的选择对了,你的人生就对了 ...... 028
明智的放弃,远胜于盲目的执着 ...... 031
放弃那些不重要的事,才能做好最重要的事 ...... 034
想得到真正需要的东西,就必须随时准备放下 ...... 037

学会选择，懂得放弃

## 第三章 "知足"是大智慧，"常乐"是大境界

一个人拥有满足感，才会有幸福与快乐 ········ 042
快乐源于知足，不幸源于不知足 ············ 045
常怀一颗平常心，才能快乐一辈子 ·········· 049
由于一个个的不完美，才使生命变得完美 ······ 053
一个懂得感恩的人，必将得到快乐的眷顾 ······ 057

## 第四章 放下不是放弃，而是卸掉沉重的负荷

放下不该有的欲望，才能收获快乐和幸福 ······ 062
只有解开心结，才能去除心灵中的荒草 ········ 066
只有善待每一天，才能赢得美好的明天 ········ 074
只有把痛苦放下，幸福才会到来 ············ 078
不放弃心中的希望，未来就不会放弃你 ········ 082

学会选择，懂得放弃

## 第五章　欲望要适可而止，否则会引火烧身

不要有太高的欲望，否则什么都得不到 …… 086
欲望是无边的，凡事要适可而止 …… 089
抵挡住眼前的诱惑，才不会迷失自己 …… 092
把名利看淡一些，才能活得悠然自得 …… 096
减少一点儿想要的，生活得会更轻松 …… 100

## 第六章　处世要懂得守愚，做人要学会低调

糊涂看似是糊涂，实则是一种大智慧 …… 104
凡事不要太较真，后退一步才是路 …… 107
不争一子之得失，争一步不如让一步 …… 110
看似没有智慧，实则是大智若愚 …… 114
做人要低调点，不要过分表现自己 …… 118

# 第一章

## 选择主宰命运，放弃成就人生

　　选择是人生的第一推动力。在人生重大问题上的选择将决定性地影响我们一生的发展轨迹和基本格局。在生活中，当我们做一个决定时，我们常常会面临两个或多个选项，这就要求我们必须学会选择，懂得放弃。学会了选择的智慧，我们才能主宰自己的命运；得了放弃的真谛，我们才能知进知退，成就美好人生。

## 越是苛求完美,最终反而不美

既然太阳上也有黑点,"人世间的事情"就更不可能没有缺陷。——车尔尼雪夫斯基

追求完美,是人类自身在渐渐成长过程中的一种心理特点,或者说是一种天性。应该说,这没有什么不好。人类正是在这种追求中,不断地完善自己,使自己脱去了赖以遮羞的衣服,变得越来越漂亮,成为世界万物之主宰。如果人只满足于现状,而失去了这种追求,那么人大概现在还只能在森林中爬行。我们对事物总要求尽善尽美,愿意付出很大的精力把它做到无可挑剔。可见,追求完美并不是件坏事,对于某些人来说,追求完美甚至还是很必要的,比如,音乐家、美术家、服装设计师等。

然而,智者告诉我们,人生可以追求完美,但不要苛求完美,因为世界本来就没有真正的完美。完美只是人们心中一种虚幻的假想,或是一个目标、一种向往、一种追求。人们只能在朝着这个目标追求的过程中力求把事情做得更好,不断地完善自我,不断地趋向完美,而永远无法达到真正完美的境界。因此从这个意义说,苛求完美是一种自我折磨,是对自己的一种无为的苛刻,其后果必然是到头来大失所望,并背上自卑心理的沉重包袱。

如果一个人苛求完美,时间长了以后,自然会形成这样一种情景：如果一件事情没有做到令自己满意的地步，那么必定是吃不好，也睡不好，总觉得心里有个疙瘩，很不舒服。什么事情都会有个度，追求完美超过了一定的度，就会变得不完美。

在一次演讲比赛中，有位女同学向老师抱怨自己的演讲没有达到预期的效果。她说当她站起来演讲时，总觉得自己表现得不够完美，而其他的同学似乎都显得泰然自若、很有信心。她一想到自己的种种缺点，便会失去勇气，无法再讲下去。她非常苦恼，为此还详细地分析了自己的弱点，以求解决的办法。

其实，生活中完美的事物并不存在。即便是狄更斯的小说里也有不少过度矫情的地方；莎士比亚的戏剧里也有许多历史和地理上的错误。但人们读他们的作品时，没人会注意这些缺点，这些作品之所以会闪耀着不朽的光辉，是因为它们的优点十分显著，以至连缺点都变得不重要了。人们喜欢一个人，是因为他们的种种优点，而不是缺点。

每个人都有自己的过人之处，再平凡的人也会有一些别人没有的优点，善于发掘自己的优点，就会拥有自信，就可以有目的地利用自己的优点，获得成功。托马斯·杰斐逊就是懂得这个道理的人。

著名音乐家托马斯·杰斐逊相貌不佳，他在向他的妻子玛莎求婚时，有两位情敌也在追求玛莎。一个星期日，杰斐逊的两个情敌在玛莎的家门口碰上了，于是，他们准备联合起来羞辱杰斐逊。可是，这时门里传来了优美的小提琴声，还有一个甜美的声音在伴唱。如水的乐曲在房屋周围流淌着，两个情敌此时竟然没有勇气去推玛莎家的门，他们心照不宣地走了，从此再也没有来过。

杰斐逊并不完美，也不出众，但是有了小提琴和音乐才华，他就不可战胜了。杰斐逊有音乐天赋，我们每个人也会有与众不同的长处。

对于每个人来讲，不完美是客观存在的，但无须怨天尤人，在羡慕别人的同时，不妨想想，怎样才能走出误区。或用善良美化自己，或用知识充实自己，或用一技之长发展自己……生命的可贵之处，在于看到自己的不足之处后，能坦然面对。

西施的耳朵长得较小，与面部显得不够协调，她请匠人做了个较大较重的耳环，她戴上耳环后，沉重的金属拉长了耳轮，弥补了耳朵小的缺陷。

王昭君两脚长得较大，于是她请缝衣匠裁制很长的裙子，长裙盖住双脚，袅娜多姿，把脚大的缺点遮掩了。

貂蝉有腋臭，花园里的花香提醒了她，于是她让丫鬟采来香花，加工制成香水，擦拭全身，顿时香味袭人。

杨玉环走路时步履沉重，脚踩地发出的声音令人生厌，她想出了一个好主意，她在身上佩戴铜铃、玉器，姗姗行走时，铜玉相撞，叮叮当当，别有风韵，让沉重的步履声消失在悦耳动听的铜玉撞击声中。

生活中，许多人喜欢苛求完美，但真正的完美是不可能达到的，于是就有了遗憾，有了痛苦，有了失落感。其实，这大可不必，因为生活没有绝对的完美，任何一个人也不会完美。就连中国古代四大美人也有缺陷，更何况我们平常人呢？

苛求完美的人不妨学习四大美人，对自己存在的缺陷和不足之处，进行必要的修饰或掩饰。最大限度地放大自身的优点，缩小自身的缺点和不足。

### 成 长 智 慧

世人皆期望有一个美丽而完美的人生，然而事与愿违，我们越是苛求完美，就离完美越来越远。世界并不完美，人生当有不足，有些遗憾，反倒可以使人清醒，催人奋进。完美是人们追求的目标，但却没有人能真正达到完美。人追求完美可以，但千万不能苛求。

## 舍得是大智慧，有所舍才能有所得

**名人名言**

将欲取之，必先予之。——孙子

舍得，舍得。何为舍？何为得？《左传》中有这样一句话："君以此始，必以此终。"每个人、每件事都是有双重性的，我们选择了它的某一点，就要相应承担我们的选择所带来的连锁反应。选择了一个人的勇猛，就必须容忍他的粗暴；选择了一个人的智慧，就必须迁就他的狡诈。

舍得，不舍不得，大舍大得。"舍得"二字，囊括了人生所有的真知。

很久以前，有哥俩在外面发了大财，带着许多金银珠宝返乡。途中遇到一群盗寇抢劫。哥俩被一条大河拦住了去路，不得已只好涉水渡河。

老大对老二说："水流太急，游到水中，若是觉得力不从心，就丢掉一点背上的金银珠宝，继续向对岸游；若再感到体力不支，就继续再丢，保住自己的性命是最重要的。"

老二点头，连称"高见"。此时，捕盗者跟踪而至，老大老二急忙纵身入水，向对岸泅渡。没多久，老二就觉得颇为吃力，于是扔掉一半背上的金银珠宝，到了水中央，老二仍感体力难支，又把另一半也扔掉了。

老二精疲力竭地爬上岸，回头一看，老大还在离岸很远的水中挣扎，眼看就要沉下去了。此时，老二大喊："快扔掉金银珠宝！"老大听到喊叫，也想解开背着的包袱，扔掉金银珠宝，可是，他已经没有解开包袱的力气了，最终落了个葬身水底的结局。

我们知道，生命重于金钱。在渡河之前，如果老大舍弃了所有的金银珠宝，结局就是另外一个样子——得到生命。

法国一家报纸进行智力竞赛时有这样一个题目：如果罗浮宫失火，当时的情况只可能救一幅画，那么你要救哪一幅？

多数人都说要救达·芬奇的传世之作《蒙娜丽莎》。结果呢？在成千上万的回答中，法国著名作家贝尔特以最佳答案赢得金奖。

他的回答是："我救离出口最近的那幅画。"

人要学会"舍得"，不能期盼"全得"。通俗地说，"舍"就是放弃。

一位作家曾说过："一个人若什么都舍不得放弃往往会导致什么都不得不放弃。"这就是不舍无得的道理。因此，我们应该学会舍弃一些东西。

孙子曰："将欲取之，必先予之。"放弃是一种策略，是为了更好的取得。

一个被劈去了一小片的圆，想要做回一个完整的自己，它到处寻找自己的碎片。由于它是不完整的，滚动得非常慢，从而领略了沿途美丽的风景。它和虫子们聊天，它充分地感受到了阳光的温暖。它找到了许多不同的碎片，但都不是原来的那一块，于是它坚持寻找。直到有一天，它找到了属于自己的那个碎片。然而，作为一个完美无缺的圆，它滚动得太快了，错过了花开的季节，忽略了虫子的招呼。当它意识到这一切后，它毅然舍弃了历尽千辛万苦才找到的碎片。

这个故事告诉我们：懂得舍弃，才会有所得。

著名作家贾平凹曾说过："世界是阴与阳的构成，人在世上就是一舍一得的过程。"人生在世，总难免在"舍"与"不舍"之间徘徊：舍得一个人，舍不得一段情；舍得一个机会，舍不得一份执着；舍得一份工作，舍不得高额的薪水……

正如走钢丝的杂技演员需要一根竹竿一样，我们的生活也需要一个平衡点，当我们感觉不能保证这种平衡时，就必须断然舍弃一头，当面对"顾此失彼"的选择时，我们必须明白"鱼与熊掌不可兼得"的道理，要理智地决定"舍"与"得"。

人生中有很多机会是需要选择的，有所舍才能有所得，舍得放弃，说到底意味着一个人真正可以属于自己，真正懂得如何驾驭自己。正如舍卒保车、轻装上阵一样，如此才是人生的大智慧。

比尔·盖茨是一个商业奇迹的缔造者，他是很多人心目中的偶像，我们来看一下这个数字时代的英雄的经历。

在大学三年级时，比尔·盖茨认识到个人计算机将是非常有价值的工具，为此他从哈佛大学退学，开始和朋友一起为个人计算机开发软件。这可以说是他一生最重大的选择，一边是多少人梦寐以求的学府，一边是未来广阔的市场和梦想。比尔·盖茨毅然选择了退学，这不是一般人能有的决心和勇气，也只有这样的决心和勇气，才可能成为非凡的人物。

比尔·盖茨曾经说过这样一句话："人生是一场大火，我们每个人唯一可以做的,就是从这场大火中多抢救出一些东西来。"

"舍"与"得"之中,还包含"进退之道"和"吐纳之功"。我们在世间总会有许许多多的企盼和追求,但又难免会遇到诸多的羁绊和困扰,如果在遇事时能够量力而行,适可而止,该放弃的时候懂得放弃,就能够从人生烦恼的牢笼中脱离出来,就能真正体会到人生的轻松与自在。

### 成长智慧

舍得,舍得,有舍才有得。我们不仅要学会如何拥有,更要学会如何放弃。放弃是历尽跌宕起伏之后对世俗的一种轻视,放弃是饱经沧桑之后对人生的另一种感悟,放弃是运筹帷幄并盛满自信的自然流露,放弃是无所为而无所不为的人生智慧。

## 放弃盲目的坚持,才能赢得转机

你的坚持要有价值,别做无谓的牺牲。——罗曼·罗兰

在前进的道路上,我们应该及时对自己的目标进行检验,如果发现自己的目标有问题,就应该果断地放弃无意义的目标,另选一个适合自己的目标。

所谓"无意义的目标"就是不思变通,顽固坚持但毫无前景的目标。当描述了理想的目标后,我们必须研究一下达到该目标所需的时间、财力、人力的花费是多少,我们的选择、途径和方法只有通过检验,方能估量出目标的现实性。如果我们发现自己的目标是可行的,可以坚持下去,否则,就不要盲目地坚持,而应该及时对自己的目标进行调整。

许多怀有雄心壮志的人,就是由于在那些毫无意义的目标上矢志不移,最终蹉跎了自己的年华,一事无成。当发现前进的道路被堵死,或者前边根本没有道路可行的时候,就要勇敢地转头,这样或许有柳暗花明又一村的转机。

坚持是一种良好的品行,但在有些事情上,过度的坚持会导致更大的浪费。在一些没有胜算把握和科学根据的前提下,应该见好就收,知难而退。如果明知没有成功的希望,却还是屡屡尝试,这种做法是愚蠢的、毫无意义的。

当我们在某件事情上花费了心血以后，忽然发现自己走进了一个死胡同，自己正处于进退两难的境地，此时，最明智的办法就是尽早抽身退出，并立刻寻找别的机会，用别的方式走向成功。

生活在五彩缤纷、充满诱惑的世界上，每个心智正常的人都会有理想、憧憬和追求。否则，他便会胸无大志，自甘平庸，无所建树。然而，历史和现实告诉我们：有时坚持未必会成功，我们必须学会放弃。

一对师徒走在路上，徒弟发现前方有一块大石头，他皱着眉头停在石头前面。

师傅问他："为什么不走了？"

徒弟苦着脸说："这块石头挡着我的路，我走不下去了，怎么办？"

师傅说："路这么宽，你为什么不绕过去呢？"

徒弟回答道："不，我就要从这块石头前穿过去。"

经过艰苦的尝试，徒弟一次又一次地失败了。

最后徒弟很痛苦："连这块石头我都不能战胜，我怎么能完成我伟大的理想。"

师傅说："你太执着了，你要知道有时坚持不如放弃。"

很多时候，坚持到底未必会成功。如果我们百般努力却成功无望，那就不要盲目地坚持到底，选择放弃，换一种方式或一个活法，往往会给我们带来新的契机。

一条河流横在面前，如果我们站立的地方完全没有通过的可能，再有信心也是没有意义的，那是盲目的自信与坚持。我们应像小蚂蚁在面对一条无法跨越的河流时选择"绕道而行"那样，并不是小蚂蚁对跨越这条河流没有信心，而是它理智地选择了放弃，以图新的发现，寻找新的机遇。

因为盲目的坚持，只能使自己处于一种被动的状态，理智的放弃反而会给自己带来意想不到的良机。生活中，死守愚昧信念的人并非是真正的智者。不切实际的执着,反而会葬送自己的人生，葬送自己的理想。而适时的放弃则是一种智慧。

人生其实就是一个选择的过程，选择错了，势必会南辕北辙。尤其是遇到追求的目标不可能实现时，果断的放弃是一种明智的选择。

19世纪30年代，有一个叫摩斯的年轻人，从英国皇家艺术学院毕业后，他信心十足地来到美国准备开始他的艺术生涯。然而，他的画风属于欧洲浪漫式风格，在讲究实际的美国并不受欢迎。

正在这时，美国政府要以历史画来装饰国会大厅，需要挑选4名画家进行这项重要的工作。这么好的机会摆在面前，摩斯很是珍惜，他希望自己可以入选从而踏上成功之路。然而名单揭晓后，并没有他的名字。

经过这次失败后，摩斯决定放弃艺术，开始追求另一种人生。他开始以自己相对熟悉的电磁现象作为突破点，经过无数次失败后，摩斯终于发明了"电报"，为人类的通信事业做出了伟大的贡献。

条条大路通罗马。撞了南墙走不下去时，就应该静下心来，重新寻找自己奋斗的方向，人生的许多机会可能就在我们身边，通往成功的道路不止一条。

撞了南墙就要回头，不是回头走开不干了，而是去寻找新的目标或道路，此路不通时还有其他道路可走，还有其他的方法可以选择。

生活中有很多人没能走上成功之路的原因，就在于他们犯了撞了南墙不回头的错误，没能走出直线的误区。所以，如果我们希望自己事业有成的话，就要学会变通，在撞了南墙之后，要静下心来思考，如果确定不能走通，就要及早回头，寻找新的出路。

很多时候，放弃坚持不是自认失败，而是在寻找成功的契机，今天的放弃是为了明天的得到。要知道：没有放弃，就不会有更牢固的拥有和获得。学会放弃一些盲目的坚持，在放弃中我们才会战胜自己，走进一个多彩而瑰丽的立体世界。

## 成 长 智 慧

坚持到底固然是成功的一个必备条件，但如果我们走进了一个死胡同，就应该赶快放弃坚持。一味盲目地坚持目标，甚至撞得头破血流也不回头的人，势必会惨败而归。

## 放弃是为了调整自我,然后向新的选择挺进

在人生的大风浪中,我们常常学船长的样子,在狂风暴雨之下把笨重的货物扔掉,以减轻船的重量。——巴尔扎克

现实生活中,我们往往不怕拔高自己,只怕自己的高度不能超越别人。虽然任何事情都存在突破口,但并不是所有人都能找到并通过突破口,抵达更高的层次。这时,我们要学会放弃,要能够权衡轻重、利害和得失,做出正确的选择。

1957年,日本著名跨国公司"松下电器"的创始人松下幸之助毅然放弃研究长达五年之久的大型计算机项目,此时松下已经在此项目上投资了近15亿日元。

当这个消息传出后,日本上下大为震惊,因为松下此时的样机已经十分先进,不久就能进行市场推广和大规模的工业化生产了,为何在此紧要关头松下会放弃呢?

原来,几周前,美国大通银行的副总裁到松下来访问,在谈论项目时,副总裁对日本共有七家公司生产电子计算机表示惊讶:"就美国来讲,现在电子计算机经营很不顺利,除了IBM公司之外,所有的公司都在对计算机项目进行减缩。"

通过对美国市场的现状进行分析,松下仔细考虑后,决定从大型电子计算机市场上撤退。虽然此时松下已经投入近15亿日元,

但如果继续推广和生产就要再投入近300亿日元。虽然因放弃而损失了15亿,但这个决定挽回了300亿的损失。

松下的放弃,让他可以更加专注于电器和通信事业的发展,使他成立了世界上的电器王国。如果当初松下不忍放弃多年的研究和投资,盲目进入电子计算机市场,那后果将是不堪设想的。

每个人一生都会遇到很多诱惑、很多机会,但一个人的精力是有限的,我们不可能什么都能得到。只有那些敢于拒绝诱惑,善于放弃某些机会的人,最终才会成功。

俄国作家托尔斯泰写过这样一则故事。

有一个勤劳的农夫,他每日早出晚归勤奋耕种一小片贫瘠的土地,但收成很少,一家人常常食不果腹。一天,一位天使可怜农夫的遭遇,就对他说,只要他能不断地往前跑,他跑过的所有地方,不管有多大,那些土地就全部归他。

于是,农夫开始兴奋地往前面跑,当他跑累了想停下来休息时,他一想到家里的妻儿老小,都需要用钱来养活,就继续拼命地跑。当他实在累得不行,上气不接下气时,他又想到自己年老后,还需要人来照顾,这也需要很多钱,于是他继续奋力往前跑。最后,他终因体力透支,倒在地上死了。

的确,人活在世上,就要努力奋斗,为了我们自己,为了我们所爱的人,为了更好地生活,我们必须不断"往前跑"。但是,我们更应该知道,何时是该"往回跑"了,何时是该放弃、该转变目标了。

人生是复杂的,但有时也很简单,甚至简单到只有获取和放弃。虽然放弃需要巨大的勇气,但若想驾驭好生命之舟,若想取得胜利而不是停滞不前,就必须学会放弃。

放弃也是一种成本,在经济学上,它被叫作机会成本。在做出某个选择的时候,其实也就代表我们放弃了其他的选择,也就投入了这一机会成本。如果不懂得放弃,什么都不想放弃,也将只能在累赘中蹉跎,根本不可能美梦成真。

有一个父亲和孩子在商量未来发展问题。这时有一家知名的跨国公司在招聘网络设计师,录用后薪水丰厚,未来的发展也有巨大的潜力,但这个孩子当时正在职校进行培训,就剩下几个月就要结束了。如果现在被这家公司录用,不但两年的培训算是夭折了,最后连一个结业证书都拿不到,所以孩子犹豫了。

这时,父亲递给孩子一个西瓜,让他抱着。孩子不明其意,还是照做了。接着,父亲又拿起另外一个西瓜,对孩子说:"你把这个西瓜也抱上。"

"不可能,我只能抱住一个,两个是没有办法抱住的。"孩子说。

父亲接着问:"那你怎么才能把第二个西瓜抱起来呢?"孩子想了很久也想不出方法。父亲叹了口气说:"把第一个西瓜放下,不就行了吗?"

这时,孩子才明白了,只有放下一个,才能抱上第二个。于是,眼前的问题豁然开朗,他最终选择了应聘,而放弃了培训,并如愿以偿地成了那家企业的优秀员工。

人的一生总要做出一些选择,要选择,就要有放弃,放弃是为了更好地调整自我,调整好心态向目标挺进。人的一生也有太多的负累,想拥有的越多,负累也就越多,追求的越多,压力也会越大，失望也会越深。我们只有学会了放弃，才能拥有一份安然祥和的心态，才会活得更加充实、坦然和轻松，成功才会离我们更近。

**成 长 智 慧**

生命的过程，就是不断放弃和选择的过程，当我们选择好目标时，就要锲而不舍，以求金石可镂；但若目标并不适合自己的发展，或者环境和各种条件并不允许，与其蹉跎岁月，徒劳无功，还不如选择放弃，改投别处。

# 人心不足蛇吞象,见好就收才是好

## 名人名言

当被欲望控制时,你是渺小的;当被热情激发时,你是伟大的。——詹姆斯·艾伦

俗话说:"人心不足蛇吞象。"自作聪明者常不知足,贪心剧烈,结果把自己逼上死路。知足者温饱不虑便是幸事,知足者无病无灾便是福泽。知足常乐,这是一个人在咀嚼了人生百味之后才悟出的道理。

富翁家的狗在散步时跑丢了,于是富翁在电视台发了一则启事:有狗丢失,归还者得赏金1万元,并配有一张小狗的彩照。送狗者络绎不绝,但都不是富翁家的。富翁太太说,肯定是真正捡到狗的人嫌给的钱少,那可是一只纯正的爱尔兰名犬,于是富翁把赏金改为两万元。

是一位乞丐在公园的躺椅上打盹时捡到了那只狗。乞丐没有及时看到第一则启事,当他知道送回这只小狗可以拿到两万元时,乞丐真是兴奋极了,他这辈子也没交过这种好运。

乞丐第二天一大早就抱着那只狗,准备去领那两万元赏金。当他经过一家百货公司的大屏幕时,又看到了那则启事,不过这次赏金已变成了3万元。乞丐驻足,想了一会儿,这赏金增长的速度倒挺快,这狗到底能值多少钱呢?他改变了主意,

又折回他的破窑洞，把那只狗又拴在那儿，第四天，赏金果然又涨了。

在接下来的几天时间里，乞丐没有离开过那个大屏幕。当赏金涨到使全城的市民都感到惊讶时，乞丐回到他的窑洞，可是那只狗已经死了，因为它在富翁家好吃好喝，根本受不了乞丐从垃圾筒里捡来的东西。

人是欲望的动物，所以永远得不到满足，永远在为自己攫取，所以最容易沦为私欲的奴隶，把自己的心灵变成地狱。做人要坚持心灵的原则，不要让私欲迷惑了心智。

俗话说："人过留名，雁过留声。"谁也不想默默无闻地活一辈子。但是，在人生求取功名利禄的过程中，还是要谨记：做人要少一点欲念，多一点超脱，到了该出名的那一刻，定会出名。做人要实际一些，不要被名利遮住了双眼。

唐朝诗人宋之问，有个外甥叫刘希夷，他很有才华，是个年轻有为的诗人。一天，刘希夷写了一首诗，名《代白头吟》，到宋之问家中请舅舅指点。当刘希夷读道："古人无复洛阳东，今人还对落花风。年年岁岁花相似，岁岁年年人不同。"时，宋之问情不自禁连连称好，忙问此诗可曾给他人看过，刘希夷告诉他刚刚写完，还不曾与人看。宋之问遂道："你这诗中'年年岁岁花相似，岁岁年年人不同'二句，着实令人喜爱，若他人不曾看过，让与我吧。"刘希夷说道："此二句乃我诗中之眼，若去之，全诗无味，万万不可。"

晚上，宋之问睡不着觉，他翻来覆去只是念这两句诗，心中暗想，此诗一面世，便是千古绝唱，名扬天下，一定要想办法据为己有。于是他起了歹意,命手下将刘希夷活活害死。后来,宋之问获罪,先被流放到钦州,后被皇上赐死,天下文人闻之无不称快。

求名并无过错,关键是不要死死盯住不放,盯花了眼。那样,必然走上沽名钓誉、欺世盗名之路。

著名女作家三毛曾说过:"在我的生活里,我就是主角。"实现自我是每个人的追求,这没有什么不合理,没有什么值得非议的,因为没有人不关心自己,不希望发展自己,不实现自己的追求,这一切可谓人之私欲使然。没有私欲是不正常的,私欲无度则更是不正常的,不损人利己,不损公肥私,这是最基本、最有道德的私欲标准。

凡是有智慧的人，都懂得抑制自己的私欲，遵循为人之本。他们能正常地关心自己、发展自己、实现自己的梦想，只有人人都自尊、自爱、自重，我们的社会才能充满勃勃生机，充满欢声笑语。

一个人想出了一个捕捉麻雀的好办法，他把箱子制成一个有进无出的陷阱，一旦麻雀进去了，只要把口堵上，就难以逃脱。

一天，他抓来一把谷子，从箱子外面一路撒下去，一直撒到箱子里面，然后他在箱子盖上系了一根绳子，自己攥着绳子的一端，远远地躲在一边，等着麻雀的到来。只要他把绳子轻轻一拉，箱子的盖就会关上，麻雀就跑不出来了。

不一会儿，一群麻雀看到了谷子，都欢快地啄食起来，他数了数一共有15只。15只够他吃好几天了。有4只进箱子里了，已经有9只了，13只了，他盯着外面的两只麻雀，要是它们也进去了，自己就可以一个礼拜不用出来工作了。

他正想着，一只麻雀溜了出来。他懊悔地想刚才真该拉绳子。如果再进去一只我就拉绳子，他这样想。可是又出来两只，在他想的时候又跑出来两只……

最后，他眼睁睁地看着那群麻雀心满意足地飞走了。箱子里什么都没有了，包括他的谷子。

也许有人会说，见好就收可能会失去更多的机会，但是当这个"好"到了一定的限度，收也无妨，毕竟他已经获得了大部分利益。15只麻雀捕到13只，已经算是大的胜利了，如果把目标定在百分之百的占有上，那就是人心贪婪的表现。

做人做事要懂得适可而止，从而赢得更有利于自己的局面。

适可而止是有深刻内涵的，作为一种大智慧，它绝不是简单的停止行为。它是一招因时而变、出奇制胜的妙法，也是深合事理、退中求进的处世哲学，对于只知索取、急功近利者，止的运用就显得尤为珍贵。

**成 长 智 慧**

私欲过盛之人，没人愿与之共事，因而永远难成大器。世间小人，个个蝇营狗苟，皆为私欲所惑；而方正之人，皆坦坦荡荡，能克己私欲而走向成功。

# 第二章

## 会选择懂放弃，是人生最大的智慧

选择与放弃，是一种心态、一门学问、一套智慧，是生活与人生处处需要面对的关口。昨天的放弃决定今天的生活，明天的生活取决于今天的选择。人生如演戏，每个人都是自己的导演。只有学会选择和懂得放弃的人，才能赢得精彩的生活，拥有海阔天空的人生境界。

# 人生没有回头路,每一步都要慎重选择

**名 人 名 言**

人生不发行往返车票,一旦出发了就再也不会归来了。

——罗曼·罗兰

脚下的路有千万条,但我们能够选择的只有一条。人生不售回程票,不管是荆棘小道,还是康庄大道,你选择了就没有回头路。人这一生中,无论是在爱情、婚姻方面,还是在工作、事业方面,无不需要做出选择。不同的选择会导致不同的命运。错误的选择会让人走尽弯路,辛苦一生却始终与成功无缘,甚至误入歧途,酿成人生悲剧。只有量力而行的睿智选择才会让人一帆风顺,到达理想的港湾,成就完美的人生。

人生是由自己来选择的。有的人选择平淡的生活,不为名利所忧,一生一世只求风平浪静,而有的人却选择一辈子与奋斗和拼搏交朋友,从中获取快乐。

每个人的思想都不一样,每个人的追求也不一样,所以每个人选择的前进方向也就各不相同。有人说:"做人一定要做一个成功的人,这样才不枉来这人世走一遭。"也有人说:"不经历风风雨雨,人生还会有意思吗?精彩的人生就要经历风雨,这样才开心。"但也有人说:"人来到这世界不一定要成功,只要能和家人过上幸福美满的生活就行了。"

我们应该随时随地地反省自己现在走的路是不是正确，自己现在做的事是不是自己真心想做的，而不能盲目地随波逐流，直到走了很长一段路程后，才发现这条路不适合自己，后悔当年应该选择其他的路才对。这种反省越早越好，那样我们才能及时地修正错误，及时地做出正确的选择。

英国著名诗人莎士比亚曾经说过："我们知道我们现在是什么样的人，但不知道我们可能成为什么样的人。"所以说，做出一个适合自己的选择并不容易。

《思考致富》一书曾经提到一个"这山望着那山高"的人，他的名字叫连·史卡德。他家的墙上有一个相框，里边有十几张名片，每张名片都代表了他从事过的一项工作。有的工作是他做不好而主动放弃的，有的工作是他做得很好，只是由于不喜欢而退出来的。这十几项工作，他没有一项坚持到底了。然而，他的执着精神是以不断地寻找最适合自己的工作而表现出来的。最后他找到了一个适合自己的职业，建立了一个最适宜他发展的跨国公司，成了一个大富翁。正是由于他懂得选择的重要性，没有在一条不适合他的路上走到黑，他才做出如此大的成就。

对于大多数人而言，不存在最理想的工作，但存在最适合你发展的工作。一旦生活给了你这样的机遇，别在那里自谦"我不行"，而要及时地抓住这个令我们的专业能力和个人才华都能得到充分发挥的机会，并且时刻都要记住古人的一句名言："王字不出头，永无做主的那一日。"

一位作者曾写过这样一篇文章：记得小时候，农村水果十分稀缺，经常和生产队里年龄相仿的小朋友，三个一群、五个一伙地爬上树采摘野山栗、紫桑葚之类的果子解馋。而每次爬树的时候，都会出现相似的情况：开始大家都从一棵大树底下往上爬，可越往上爬，树的分权越多，各人为了多采点儿果实，便选择了不同的树枝。结果起点完全相同的小朋友们，各自爬上了不同的方向和高度，有的站在又高又稳的主干枝头上，有的蹲伏在摇摆不定的侧枝上，还有的停留在树权间……下来的时候，有的满载而归，有的略有所获，还有的空手而回。

现在想来，小时候的爬树与人生的历程又是何其相似。生活中我们经常不知不觉地走到"十字"甚至"米"字路口，让自己选择，而正是这一次次的选择决定了我们今天的社会位置和人生状况。

人生就如下棋,一招不慎,满盘皆输,而人生又不同于下棋,因为不能再开一局,也不能悔棋,所以要求我们在起点就做好选择。每个人前进的道路各有不同,有的人由于惧怕海水的冰凉和危险,注定只能坐在沙滩上观赏海边的风景,捡拾美丽的贝壳;有的人不满足于海边的贝壳和风景,于是潜入海底,他们不仅收获了贝壳,而且还收获了珍珠……我们在选择前进的道路时也应该像后者一样,采取积极勤奋的态度,选择适合自己的道路,否则必定抱恨终身。

### 成长智慧

人生处处有选择。简单地说,选择就是给自己定位;选择就是给自己寻找前进的方向;选择就是为自己的生命重新注入激情。在这个很精彩也很复杂的世界里,无论是强者还是弱智,无论是成功者还是失败者,无论是大人物还是小人物,他们之间最重要的区别就是对人生之路选择的差别。

## 你的选择对了，你的人生就对了

一次正确的选择胜过上千次的讨论。——伍·威尔逊

林肯说过这样一句话："所谓聪明的人，就在于他懂得如何选择。"正确选择是把握人生命运的最伟大的力量。

正确选择比什么都重要，它可以改变一个人的一生。选择就是给自己定位，选择就是给自己寻找前进的方向，选择就是为自己把握命运。人生中的选择，正如同选择钓鱼的池塘一样，选对池塘，你就能钓上大鱼；选错池塘，不但有可能钓不到鱼，还会浪费宝贵的时间。

人一生都处在不断的选择之中，可以说，人生历程就是一个人的选择历程。比尔·盖茨在谈到他的成功经验时说："我的成功在于我的选择。如果说有什么秘密的话，那么还是两个字——选择。"

有3个不同国籍的人犯了罪，都将被关进监狱3年。入狱前，监狱长告诉他们每个人可以提一个要求并会得到满足。美国人爱抽雪茄，提出要3箱雪茄；法国人最浪漫，提出要一个美丽的女子相伴；而犹太人却说，他想要一部能与外界联系的电话。监狱长分别满足了他们各自的要求。3年过后，第一个冲出来的是美国人。他嘴里，鼻孔里塞满了雪茄，大喊道："给我火，给我火！"

原来他入狱时只想到了要烟而忘记了要火柴。第二个出来的是法国人。只见他手里抱着一个小孩,美丽女子手里牵着一个小孩。最后出来的是犹太人。他紧紧握住监狱长的手说:"谢谢了,这3年来我每天与外界联系,我的生意不但没有被迫停止,反而增长了200%,为了表示感谢,我送你一辆劳斯莱斯!"

3个犯人的3种不同选择,在3年之后有着3种截然不同的结果。可见,什么样的选择决定了走什么样的道路,决定着过什么样的生活,而我们今天的选择将决定我们今后的道路及生活。

任何人都逃避不了选择。人生出现了无数个的十字路口,因此我们也不得不无数次面对种种不同的选择:欢乐与痛苦、成功与失败。因为选择,我们举棋不定,踌躇万分;因为选择,我们左右为难,优柔寡断。其实,我们只要做到审时度势,时刻保持冷静泰然,仔细聆听心灵的声音,在每个紧要的人生关口,我们都可以做到从容面对,并做出正确的选择。

选择决定了我们一生的成败和优劣。选择仿佛是我们的身影,仿佛是竖立在我们人生曲折道路上的一块块路标。有的路标严峻地出现在何去何从、前途未卜的十字路口,这是人生决定性的时刻。决定性的时刻需要正确的、不可回避的、勇敢的选择,因为我们所做的每一个选择都决定着我们的命运,都可以改变我们的命运,在我们的人生中没有什么比正确选择更重要的了。

清代杰出的文学家蒲松龄年轻时,曾因当时科举制度不严谨,科场中贿赂盛行,舞弊成风,四次科考落第。最后,他放弃了"科考"这条可以使自己走上仕途的道路,而选择了著书立说这条道路。他立志要写一部"孤愤之书"。他在压纸的铜尺上镌刻了一副对联:"有志者事竟成,破釜沉舟,百二秦关终属楚;苦心人天不负,卧薪尝胆,三千越甲可吞吴。"

蒲松龄长时间以此自勉。后来,他终于写成了文学巨著《聊斋志异》,并流芳千古。蒲松龄虽然科举落第,与仕途无缘,但他找到了成就自己的另一条道路,并在这条新开辟的道路上取得了成功,为后人留下了宝贵的精神财富。蒲松龄的成功也说明了正确选择对做事成败所起的关键作用。

在这个世界上,通向成功的道路不只一条,但你要记住:所有的道路,不是别人给的,而是你自己选择的结果。因此,审时度势,做出正确的选择,方可成就无悔的人生。

## 成长智慧

如果我们选择了一条正确的道路,那么在我们奋斗的过程中,就可以少走很多弯路,成功离我们也会越来越近。一旦我们选择了错误的道路,成功将离我们越来越远。要想让自己的事业成功,首先就要做出正确的选择,因为选择可以改变一切。

## 明智的放弃,远胜于盲目的执着

只要你不计较得失,人生还有什么不能想法子克服?——海明威

一个人如果听惯了这些词汇:百折不挠,坚定不移,前赴后继,永不言悔……那么,他还应该学会人生的另外一课,那就是"放弃"。

学会放弃应该是最基本的生活常识。该放弃时,就要放弃;该撒手时,就要撒手。

学会放弃,就是在陷进泥塘里的时候,知道及时爬起来,远远地离开那个泥塘。有人说,这个谁不会呀!其实不会的人有很多。那个泥塘,也许是不适合自己的工作,也许是一堆被套牢的股票,也许是个"三角"或"多角"恋爱,也许是个难以实现的梦幻……

生活中不同的人,在这样的泥塘里是怎样想的?有的人会想,让人家看见我爬出来一身污泥多难为情呀;有的人会想,也许这个泥塘是个宝坑呢;有的人会想,泥塘就泥塘,我认了,只要我不说,没人知道。还有的人会想,就是泥塘也没关系,我是一朵荷花,可以出淤泥而不染……

有一名高中生,学习成绩一直名列前茅,在临近高考前,他锁定了自己的目标:非清华、北大不读。高考完,当成绩公布后,他才得知自己与目标还相差甚远,勉强可以被一般院校录取,但是他还是决定要复读一年，目标依然是清华、北大。与第一次高考相比，第二次他产生了更大的心理压力，考场发挥失常，结果又一次名落孙山。

这时他的心态完全失常："既然考到这个份上，我只有考到底。"家长与许多朋友都劝他："随着年龄、心理及高考的不断变化，你的优势会越来越小。还是暂时选择一所学校就读，再说以后还有继续深造的机会。"但是，他还是决定要继续复读，一年，又一年，依然没有成功。

看着曾经的同窗好友都大学毕业了，有的参加了工作，有的继续深造，他的精神与意志完全崩溃了，甚至根本没有勇气再面对任何考试。

其实，这个年轻人的经历也是现实中许多人在工作、生活中真实的缩影。做人要执着，同时也要正确地评估自己。俗话说："事不过三"，如果你总是不自量力，抱着一种赌博似的心理去与失败抗争，一次，两次，如果你还认不清自己，认不清失败的原因，那么只能说你是愚蠢了。

我们要学会在失败中尽最大可能去追求成功，但是不要简单地把一次次失败当成丰富人生阅历，增加成功资本的机会。因为失败的教训是增加了，但是留给你打拼的时间、精力也会越来越少。

因此，"一条道走到黑"可能是许多人失败的根源。他们相信执着，但是不能够理解执着；他们相信失败的力量，却不能理解失败的意义。这样的人应该学会什么时候该追求，什么时候该放弃。

历史上的永动机使很多人投入了毕生的精力，浪费了大量的人力、物力。牛顿早年就是永动机的追随者，在进行了大量的实验之后，他很失望，他明智地退出了对永动机的研究，把自己的精力和时间全部投入到了力学之中。最终，许多永动机的研究者默默而终，而牛顿却因放弃了无谓的研究，才得以在力学中脱颖而出。

每个人都渴望获得，不愿失去，用心于选择，而忽略了放弃。有时候执着是一种负重和伤害，默默地付出，苦苦地等待，到头来却是镜中花、水中月。不懂放弃就是愚蠢，因为它会让你背负沉重压力，长期被痛苦困扰，还会失去更多更好的机会。

古人云："塞翁失马，焉知非福。"放弃是量力而行的睿智和远见，放弃是顾全大局的果断和胆识。

## 成长智慧

印度著名诗人泰戈尔说过："当鸟翼系上了黄金时，就飞不远了。"放弃是生活中时时面对的清醒选择，学会放弃才能卸下人生的种种包袱，轻装上阵，安然地等待生活的转机，渡过风风雨雨；懂得放弃，才拥有一份成熟，才会活得更加充实、坦然和轻松。

## 放弃那些不重要的事，才能做好最重要的事

只有做最重要的事，你才是快乐而卓有成效的。——陈安之

孩提时代，我们是按照快乐原则生活的。对于我们的愿望，父母总是尽量满足。当我们害怕时，会得到安慰与保护；当我们生病时，会得到照料和治疗。父母关心我们是否感到舒适，只要我们大哭，他们会马上过来安慰我们，并按我们的意志行事。小时候，我们并不懂得自我克制的必要。幼小的心灵只想马上满足自己的需要，并不懂得推迟满足或克制这种欲望。长大以后才明白，在人生的各个阶段，我们需要对许多事物进行权衡比较，做出取舍。

比如，一个人希望发展创造性的组织才能，可以去当一个出色的演员，也可以做一个有影响力的政治家。很显然，他不可能同时都做到这些。在生活中几种期望可能是并不相容的，因而我们必须在多个之间做出选择。

在人生的早期，我们并不懂得这一点。在一个年轻人看来，他想象中的职业都可以在将来试一试。如果要他进行选择，他就会犹豫不定。一个人要想成就一番事业，就必须放弃自己想尝试的大部分职业，专心致志地实现一个目标。因为有所不为，才能有所为。

在古代，老子提倡"无为"，很多人不理解什么是无为，误以为无为就是不作为。其实，无为就是"有所不为，才能有所为"的意思。

每个人每天都在进行选择，因为大家的时间是有限的，精力也是有限的，不可能任何事情都去做，漫无目的的人生只会一事无成。

具体到一件事情，也要把握分寸，选择更有效的方式促成事情的完成。不分主次的行事方式往往被称为"眉毛胡子一把抓"，严重时甚至会产生南辕北辙的结果。

人是理性的动物，既要考虑眼前的利益，也要顾及长远的目标。有时，为了长远的目标，甚至要主动放弃一些既得利益或唾手可得的利益，这时就需要我们有所为有所不为。只有这样做，才能对安排工作，处理人际关系，以及培养生活习惯起到指导意义。

许多人都看过《开心辞典》这个节目。一次，一位答题者很幸运，已经闯到了第9道题。3个求助方法已经用完，而这道题他毫无把握。

他怀孕的妻子就在台下，关切地看着他。主持人王小丫问："继续吗？""不。"思索片刻，他眉头展开，很肯定地说："我放弃。"观众一愣，因为在全国电视观众面前，很少有人放弃。许多人也觉得这个男人太没勇气了。

王小丫又问："真的放弃吗？"一连问了3次。他一丝犹豫都没有，点头："真的放弃。""不后悔？"王小丫问。他笑答："不后悔，我设定的家庭梦想都已实现，应该得到的已经得到。"

就这样，他只答了9道题，没有冲向完美的12道题。

男主持人问他:"如果你的孩子长大后问你,爸爸,那天在《开心辞典》你为什么放弃?"

他说:"我会告诉孩子,人生并不一定非要走到最高点。"主持人又问:"如果你的孩子说,那我以后考80分就满足了行不行?"他笑着回答:"如果他已经付出最大的努力,如果80分他也满意,我赞同。不是每个人都要拿第一。人生懂得放弃,才会得到更多。"全场响起热烈的掌声。

有所不为,才能有所为。如果想事事有所为,就会落得样样通样样松,贪多嚼不烂的下场。只有先放弃一些不重要的事,专心地做好最重要的事,并把它不断地做强、做强、再做强,然后才能逐渐做大。

我们都是普通的凡人,生存在社会中,不可能"一直舍去,舍至无可之处",但是,我们可以学会选择"有所为,有所不为",如果能够做到这些,就离成功不远了。

### 成长智慧

> 一个人,只有认清自己的能力,才能把有限的精力集中到真正的事业上。超出自己能力的壮志、抱负,给人带来的只能是力不从心的重负和壮志未酬的遗憾。学会放弃,就是要有"有所不为,才能有所为"的胆识。

## 想得到真正需要的东西，就必须随时准备放下

嗜欲者，逐祸之马也。——刘向

我们常说一个人要拿得起放得下，而在付诸行动时，"拿得起"容易，"放得下"却难。所谓"放得下"，指的是心理状态，就是遇到"千斤重担压心头"时，能把心理上的重压卸掉，使之轻松自如。生活中不顺心的事十之八九，要做到事事顺心，就要拿得起放得下，不愉快的事就让它过去，别放在心上。

爱迪生曾说过："没有放弃就没有选择，没有选择就没有发展。"拿得起是勇气,放得下是肚量；拿得起是可贵,放得下是超脱。鲜花、掌声能等闲视之，挫折、灾难也能坦然承受。人生最大的敬佩是拿得起，生命最大的安慰是放得下。当迷雾消散、尘埃落定的那一刻，你会发现原来一切只是自己放不下。烦心事人人有，放下自然无。

有这样一则故事。一个农夫和一个商人在战后的街上寻找财物，他们发现了一大堆未被烧焦的羊毛，两个人就各分了一半捆在自己的背上。

归途中,他们又发现了一些布匹,农夫将身上沉重的羊毛扔掉，选了些自己扛得动的较好的布匹。贪婪的商人将农夫丢下的羊毛和剩余的布匹统统捡起来，重负让他气喘吁吁，行动缓慢。走了

学会选择，懂得放弃

不远，他们又发现了一些银质的餐具，农夫将布匹扔掉，捡了些较好的银器背上，商人却被沉重的羊毛和布匹压得无法弯腰而作罢。这时，天降大雨，商人身上的羊毛和布匹被雨水淋湿了，他踉跄着摔倒在泥泞当中。而农夫却一身轻松地回家了，他变卖了银器，生活富足起来。

人生最大的包袱不是拿不起来，而是放不下去。生活有时逼迫你，令你不得不交出权力，不得不放走机遇，甚至不得不抛弃爱情。你不可能什么都得到，在生活中应该学会放弃。苦苦挽留夕阳，久久留恋春光，只会在蹉跎中放走大把的时光。什么也不愿意放弃的人，常会失去更珍贵的东西。

在《星云禅话》中有一则故事，讲得很生动、很具启发性。故事讲的是，有一位旅者，经过险峻的悬崖时，一不小心掉落山谷，情急之下他攀抓住崖壁下的树枝，上下不得，他祈求佛陀慈悲救助。这时佛陀真的出现了，伸出手来拉他，并说："好！现在你把攀住树枝的手放下。"但是旅者执意不松手，他说："把手一放，势必掉到万丈深渊，粉身碎骨。"

旅者这时反而将树枝抓得更紧，不肯放下。这样一位执迷不悟的人，佛陀也救不了他。不懂得割舍的人，往往什么都得不到。

生活中人们都倾向于得到而吝于放弃，而事实上，如果你想得到真正需要的东西，就必须随时准备放下。

从前，有一个青年背着个大包裹千里迢迢跑来找智者。他说："大师，我很孤独、痛苦和寂寞，长期的跋涉使我疲倦到极点，鞋子和双脚都被荆棘割破了，手也受伤了，嗓子也沙哑了，但我依然感觉不到心中的阳光。"

智者问:"你的大包裹里装的是什么?"

青年说:"里面装的是我每次跌倒时的痛苦,每次受伤后的哭泣,每次孤寂时的烦恼。有它们的陪伴,我才能走到您这儿来。"

于是,智者带着青年来到河边,他们坐船过了河。

上岸后,智者说:"你扛着船走路吧。"

青年很惊讶:"为什么扛着船走路?它那么沉,我能扛得动吗?"

智者微微一笑,说:"是的,你是扛不动它,过河时船是有用的,

但过了河,我们就要放下船赶路,否则它会变成我们的包袱。痛苦、孤独、寂寞、灾难、眼泪,这些对人生都是有用的,它能使生命得到升华,但是现在你用过它们了,你就要放下,因为生命不能太负重。"

青年听了智者的话,放下包袱,继续赶路。他发觉这时自己的步子比以前轻快很多。

能够放得下的人无疑是一个豁达的人,这种人能够轻易地摆脱烦恼和纠缠,使整个身心沉浸在轻松悠闲的宁静之中,无论何时都能把心理上的重压卸掉,轻松自如地面对各种状况。

## 成 长 智 慧

拿得起,诚然可贵;然而放得下,才是人生处世之真谛。只有放得下,才能更好地把握住该拿得起的东西,你的人生才会有更精彩的结局。

# 第三章

## "知足"是大智慧，"常乐"是大境界

很多人都在苦苦地追寻自己想要的东西，一个欲望结束，另一个欲望又开始了，以至于欲望永无止境，烦恼也跟着一路攀升。人有欲望是正常的，但如果欲望过多过高，就会迷失自己。很多时候，一个人之所以感觉不幸福、不快乐，其原因就在于不知足。人唯有知足，才能常乐。"知足"是为人处世的大智慧，"常乐"则是为人处世的大境界。

# 一个人拥有满足感，才会有幸福与快乐

寡欲心自清。——程颢

幸福和快乐是每个人都在追求的，但有些人就是不幸福、不快乐，还有一些人是身在福中不知福，这是因为他们不懂得幸福和快乐的真谛。

虽然财富、地位、权势等能在某种程度上提升人的幸福与快乐感，但这些并不等于幸福和快乐。一个人幸福和快乐与否，主观的自我心态是决定性的因素——如果自己没有满足感，就难以获得幸福与快乐；如果自己懂得满足，就会收获幸福和快乐。

26岁的王欣是一名小学语文教师，每月收入2000元左右。以前，与父母同住的王欣每月领到工资便直奔商场买衣服、化妆品等，是典型的"月光族"，她几天不去商场心里便空落落的。工作两年以来，王欣除了几大柜穿过或没穿过的衣服，几乎没什么积蓄。

随着年龄的一天天增长，王欣逐渐认识到自己是该存钱、准备买房子的时候了。在同事的推荐下，她选中了某小区的一个小户型。

以前，王欣过的是"上半月饱死，下半月饿死"的生活，对花钱从没有计划，而自从成了"房奴"后，王欣每买一件东西都会算了又算，因为，每月必须将月供存到银行，一分钱都不能少。

王欣再也没有了疯狂购物的欲望，对逛街的兴趣也大为减弱。使她没有想到的是，购房改变了她的生活方式。几个月下来，她不但保证了月供，还能小有节余。虽然当上了"房奴"，但王欣并没有感觉到自己身上的压力有多大，相反，她更多的是感受到了一种自己掌控生活而带来的满足感和充实感。

这就是一种幸福，这就是一种快乐。王欣的这种幸福是谁也夺不走的，在别人的眼里还贷可能会是一种压力，而在王欣的心里，自己是幸福而快乐的。

满足感其实是很容易就能感觉到的。在我们平淡的生活中就可以体会到，如：坦诚待人的快乐，低待遇下还一如既往地工作的快乐，助人为乐不求回报的快乐，用一颗至诚之心感化恶人的快乐，热心被人误解却依然如故的快乐，尽责任吃苦耐劳的快乐，等等。这些"满足"能保持住一个人内心的快乐。此外，一句亲切的问候，甚至一个关切的眼神，都能使人拥有满足感。

让我们再分享一下下面的这份满足感，有一位朋友如是说：

"那天，下着鹅毛大雪，我去一个朋友家玩。他家在5楼，我站在窗前望着漫天飞舞的鹅毛大雪，心里有一种说不出的激动和喜悦，下雪真好！马路上除了稀稀落落的车子几乎没有一个人。在这个时候我看见远处走来一个人，她手里提了个大袋子，步履蹒跚地朝我这边走来，风雪几乎把她裹成了个雪人。慢慢地她走近了，忽然又停下来了。哦！原来她发现了一个矿泉水瓶，当她捡起水瓶放进袋子的那一刹那，我看到她脸上露出了满足的笑容……"

那样的风雪，那样的寒冷，那样冰天雪地的一个世界，就一个矿泉水瓶子，仅仅一毛钱，但换回来的却是她发自内心的一个可以融化冰雪的微笑。这个在冰天雪地里捡矿泉水瓶子的人是快乐的。

古人对待平凡生活的满足感也是溢于言表的。如，"布衣菜饭，可乐终身"是一种知足常乐的典范；"淡泊明志，宁静致远"中蕴含着诸葛亮知足常乐的清高雅洁；"采菊东篱下，悠然见南山"中尽显陶渊明知足常乐的悠然；沈复所言"老天待我至为厚矣"也表达着他知足常乐的真情实感。这些都是最简单的快乐和最简单的满足感。

做人一定要学会满足，懂得知足。只有这样，才能真正地拥有幸福与快乐。

## 成长智慧

幸福和快乐是一种满足，一种来自于心灵深处的满足，一种不由自主往外溢的满足。生活原本是很简单的，只是人们把它复杂化了，包括过去的，现在的，未来的。其实，幸福和快乐每时每刻都在我们的身边，幸福就是自我的满足。满足才是幸福与快乐的源泉。

## 快乐源于知足，不幸源于不知足

**名人名言**

> 幸福有它的两重性：一方面在于福至心灵，时来运至……另一方面，也是最实际的方面，就是知足常乐地安度日常生活，这也就是说，头脑清醒，不干蠢事。——冯塔纳

人生在世，名利财物都是身外之物，我们就是时时刻刻永不停息、永无止境地追求和索取它们，也不会有满足的时候。相反，它们还会给我们带来无尽的坎坷和烦恼。许多时候，我们之所以感觉不幸福、不快乐，多半就是因为不知足。

传说张果老成仙以后，每日在民间寻访度化。

一天，他走到一个村口，看见一对老夫妻在摆摊卖水。于是，他就走上前去，跟老夫妻搭话。他问他们日子过得好吗，老夫妻说很贫困。他又问他们有没有什么愿望，老夫妻说要是能开个酒店卖酒，就再好不过了。张果老对老夫妻说："在你们村旁的山顶上有一块石头。石头旁边有三个泉眼，现在三个泉眼都被灰尘堵上了。你们明天去山上把灰尘都清理出来，泉眼就会自动流出有酒味的水来。"

此后，老夫妻两个人就天天上山装酒水，然后再回来卖，他们的日子渐渐地好起来了。

不知不觉一年过去了，张果老又来到这个地方。

他又问老夫妻:"现在日子过得怎么样呀?"老夫妻说:"嗯,自从听了你的话找到酒后,日子还过得去,就是没有酒糟,不能喂猪,不然就更好了。"

张果老听后,摇头叹息。念出一句:"天高不算高,人心比天高。清水当酒卖,还嫌没有糟。"他不再理他们,飘然离去了。从此以后,山上的泉眼枯涸了,再也没有水酒涌出来。

很多人就是这样,一个愿望实现了,又有了一个新的愿望,人们天天都在为未实现的目标而愁眉不展,自己给自己找罪受。

很多时候,人一旦达到了自己所设定的某个特定目标,可能会开心、快乐一阵子,但是,愿望实现之后,多数人还是不知足、不满意,而且又有了新的梦想和憧憬。由于总是疲于追逐一个又一个的目标,所以,他们从未真正欣赏、珍惜过自己已经拥有的一切。不安于现状的欲望,人皆有之,由来已久,但重要的是我们要学会对它保持清醒的头脑。一方面,我们的生活因为梦想和渴望而更加精彩;另一方面,欲望又会使我们越来越不懂得珍惜和享受现在正拥有的生活,也就是不懂得知足之道。

所谓"知足之道",就是一个人在平凡的日子里能够感受到生活的幸福和美好。

有一个天使,送信的时候在人间睡着了。醒来后,他发现翅膀被偷走了。没有翅膀的天使,能力比普通人还要小。他又冷又饿,来到一户人家门口。

"我是天使,请把门打开。" 这家人打开门,看到天使被雨淋了,衣服皱巴巴的,却问:"你给我们带来了什么礼物?" 天使回答:"我的翅膀丢了,回不到天堂去,没有礼物。" "没有翅膀和礼物的天使不算天使！"这家人把门关上了。

一个牧羊人看他可怜，把他带回了家。天使吃饱了饭，穿上了暖和的衣服，开始对牧羊人述说自己的遭遇。

牧羊人说："你即使不是天使，我也会给你一顿饭吃的。如果你没有别的事做，就留下来和我一起牧羊吧。"天使在人间的确不会什么手艺，便开始牧羊。

天使每天梳理一些羊毛留下，日积月累，他为自己织了一对羊毛的翅膀，在牧羊人目瞪口呆的注视下飞走了。

过了几天，天使来答谢牧羊人，问他要什么。

牧羊人说："让我增加100只羊吧。"

羊增加了100只，牧羊人比过去更累了。他找到天使，请他把羊收回去，为自己盖一间大房子。牧羊人在大房子里住着，发现到处是灰尘，打扫不过来。于是他用房子换了一匹马，牧羊人骑在马背上，但不知要到何处去，就把马还给了天使。

天使问："你还要什么？"

牧羊人说："什么也不要了。"

天使说："人向来有很多愿望，你难道没有吗？"

牧羊人说："愿望实现之后，我才知道我不需要这些东西，它成了我的累赘。"

天使说："我送你一件无价之宝，那就是性格。你想有什么样的性格？"

牧羊人说："我已经有了这样的性格，那就是知足。"

快乐源于知足，不幸源于不知足。《圣经》中说："上帝在为每个人关上一扇门的同时，也会为他打开另一扇窗。"知足，不是一种自我麻醉，自欺欺人，而是看清紧握在自己手中的一切，以乐观向上的轻松姿态迎接每一天。

一个懂得知足的人，能够笑看人生财富，而不觉得自己什么也没有。他们深信水到渠成，经过自己的辛勤耕耘满足自己的需求，做一个心里踏实的人。

懂得知足，就能用一种超然的心态对待眼前的一切，不以物喜，不以己悲。不做功利的奴隶，也不被日常生活和工作中的各种搅扰、牵累、烦恼所左右，使人生不断得以升华；懂得知足，就能在纵横交错的物欲和令人眼花缭乱的精神压力下神凝气静，坚守自己的精神家园，执着追求人生的目标；懂得知足，我们就能让生活多一些光亮，多一份感觉，不必为过去的得失而后悔，也不会为今天的失意而烦恼。

摆脱虚荣，宠辱不惊，看山心静，看湖心宽，看树心朴，看星心明……这也是一种知足。

知足是一种境界。一个不知足的人，是不会有快乐的。在一个知足的人的眼里，世界上没有解决不了的问题，也没有跨不过去的坎，他们总会为自己寻找一个最合适的台阶，而绝不会庸人自扰。有这样的心境，有这样的心情，才能成为一个快乐的人。

## 成长智慧

快乐是什么？每个人心中都会有自己的答案。但可以肯定的是，一个人不知足的话，那么就不会有快乐。做人要懂得知足，人知足才会快乐。

## 常怀一颗平常心，才能快乐一辈子

心灵纯洁的人，生活充满甜蜜和喜悦。——列夫·托尔斯泰

从前，在一座深山里居住着一位老人，他年逾百岁，据说他拥有保持快乐的秘诀。有一个年轻人不远万里，历经千辛万苦找到了他，向他询问快乐的秘诀。老人微笑着说："快乐的秘诀很简单，就是常怀平常心。"

什么样的人能快乐一辈子？那就是常怀平常心的人。

在生活中，要想不被欲望所诱惑，确实需要极大的勇气与毅力。人生短短几十年，就好像是一场旅行，来去都无牵无挂，也带不走只言片语，何必要去找寻那么多的烦恼呢？何必要去苦苦寻求一些自己不能得到的东西呢？何必要去想一些自己无法实现的梦想呢？要知道，来去无牵无挂才是人生的一种美好的心态，这样的人生也才是值得为之去奋斗，为之去追求的。想到这儿，很多人也许都会释然，背负了很多天、很多年的包袱也终于可以在此时放下了。

平常心是我们现代人所缺少的。在众多物欲面前保持一份平常心，可以让我们更加清醒地对待人生；在家庭里保持一份平常心，可以让我们更加和睦地面对妻子和儿女。其实，想要保持一颗平常心并不是太难，难就难在我们不愿意面对那份平常，不屑于面

学会选择，懂得放弃

对那份平常！所以，只要我们先做到了心怀宁静，想要保持平常而满足的心态，自然就会是一件很平常的事。

平常心更直观的意思就是"不以物喜，不以己悲"。就是在有所得时，不狂喜；在失去时，也不过于悲痛。美国作家梭罗曾说："一个人越是有许多事能够放得下，他就越是富有。"事实的确如此。人生在世，"提得起"常被人称道，而"放得下"则更令人赞叹，这正是拥有一颗平常心的核心所在。

吉姆·特纳四十岁的时候继承了一笔财产，拥有了一家资产丰厚的公司。然而，面对丰厚的钱财，特纳却表现得十分淡然。他对公司资产全面盘点，以五十年作为基数，减去自己和全家所

需，除去应付的银行利息、公司支出、生产投资等等，之后，他拿出三千万美元为家乡建了一所大学，其余的钱全捐给了美国社会福利基金。人们对他的举动都大感不解，而特纳却这样说："对我来说，这笔钱已经没有什么实质意义，去掉它，就是去掉了我的负担。"

面对加勒比海海啸给他的公司造成的一亿多美元的损失，特纳在董事会上依然谈笑风生，他说："纵然我失去了一亿美元，但我还是比你们富有十倍，我有多于你们十倍的快乐。"他的一个孩子因为车祸不幸身亡，这是一件令人伤心的事情，但特纳却能够以一颗平常心看待这件事情，特纳说："我有五个孩子，失去一个痛苦，还有四个幸福。"

吉姆·特纳的表现正是一种乐观而遇事不惊的良好心态，这就是一种平常心的体现。

龙子民先生在《保持一颗平常心》一书中，写了这样几句话，也许会对大家理解什么是"平常心"有所帮助，书中写道：酸甜苦辣犹未尽，荣辱成败俱无形。红尘未破空余恨，苦尽甘来平常心。是啊，以平常心做人，以进取心做事，这既是做人与做事的标准，更是做人与做事的诀窍与智慧的根源。也只有这样的人生，才会始终与快乐相伴。

在复杂的社会中，常怀一颗平常心，我们就不会迷失方向，更不会为一时的得与失而大喜大悲、喜怒无常。所谓"平常心"，是失败时自己给自己的一个肯定，是成功时自己给自己的一个小小提醒。

拥有一颗平常心，就不会被任何人打倒。因为，他们都拥有一种宁静、平和的心态：风也好，雨也罢，就像傲然挺立在黄山上的迎客松一样，总是屹立不倒，静静迎接生活中的每一处挑战。

平常心不是所谓的"看破红尘"，不是消极遁世，平常心是一种积极的人生境界。它能波澜不惊，生死不惧，像炉火化雪太阳化冰一般，把世俗消解得干净而安然，让人的眼睛永远光明而透彻，让人的心境永远宁静而致远。

当我们平和而又不失进取时，我们就能在社会中立于不败之地；许多曾经看似极为棘手而烦恼的问题，在此刻也会释然许多，轻松许多，快乐许多。

### 成长智慧

在生活中，无论是多么大的一件事，或多么小的一件事，我们都应以一颗平常心对待。并且，通过自己的努力，有意识地培养心理的承受能力，让自己无论在什么时候都能保持一份好心情。

## 由于一个个的不完美，才使生命变得完美

**名人名言**

毫无缺点的人显然是不存在的，因为他无法在这个世界上找到一个朋友，他似乎属于完全不同的物种。——赫兹里特

所谓"正视生活中的不完美"，就是说，做人不能太过分追求完美，想要让身边的一切都呈现出想象中的样子，这是很不现实的。要知道，有时候太追求完美的生活，其实也是一种缺陷的人生，这种太过分的追求反而会使人变得更累。

《管子》中曾说："斗满人概，人满天概。"概是什么意思呢？古时候，古人用斗作量器，一斗的标准是斗要平，如果太满了，就用一把尺一样的东西把多余的部分刮下，这种用来刮斗的东西就是概。这句话的意思是说：斗满的时候，人会把它概平；而人满的时候，上天会把他概平。《管子》中又说："天不概人，而假人之手概之。"

在生活和工作中，很多人每天都在苦苦地追求着十全十美。有了好的工作，又想有好的生活；有了好的生活，又想有好的身体；有了好的身体，又想有好的爱情。在我国古典小说、戏曲里有一个十分有趣的现象，那就是：在故事的开头，主人公悲欢离合，历尽坎坷，故事的结尾大都是以大团圆或皆大欢喜而告终。故事

终归只是故事,在日常的生活中,又有谁见过真正十全十美的人和事呢?

金无足赤,人无完人。生活中不可能有绝对完美的人。对于工作,对于事业,力求完美固然没有错,但如果太过于渴求完美,不仅会使自己活得很辛苦,而且说不定还会适得其反。既然如此,何不减轻自己身上的负荷呢?

学会正视生活中的不完美,并不是说要稀里糊涂地过日子。只是告诉人们,要学会善待身边的不完美之处。

曾遇到过一件这样的事:

一个朋友非常喜欢跳舞,学过两年民族舞后,她便把注意力转到了芭蕾舞的学习上。她报班学习一段时间后,对芭蕾舞的兴趣越来越大,她不光学跳芭蕾舞,还经常看芭蕾舞表演。她越是喜欢芭蕾舞就越想跳好它,可是每次上完课后,她总觉得自己进步很慢,然后就变得很郁闷。其实,以一个外行人的眼光来看,她跳得已经很好了。但是,作为一个初学者,她却总是按照学有所成之人的标准来衡量自己,当然她会觉得自己跳得不好。学习一件新事物本来就是一个循序渐进的过程,万不能急功近利,何况她将近30岁才开始学习芭蕾舞,当然不能跟从小学跳芭蕾舞的人相比。如果硬要把自己与他人放到一个水平线上,也只有郁闷的份了。

学跳芭蕾舞是一个爱好,一个丰富自己业余生活的活动项目,学的时候尽自己所能,跳的时候尽兴跳好就可以了。想把芭蕾舞跳好,这个愿望很好,只是什么叫跳好?专业人士跳出国际奖项叫跳好,稍差的人可以上台表演得到观众的掌声也叫跳好,她跳好的标准又是什么?

所以,无论是做人还是做事,或者是对待我们身边的一切境遇,都不能太苛求自己,不能太力求完美。做事的时候尽自己最大的努力,抱着在自己这个水平上达到完美就好的心态,不要试图超越自身所在的极限。假如自己超水平发挥,可以把它当作一个惊喜,甚至当作送给自己的一个礼物。这样去做,在做事的时候不仅不会被自己的心情所束缚,还能做到专心致志,达到完美的概率也会更高。

人活在世,注定要背负太多的无奈与痛苦,有些人身体健壮却碌碌无为,有些人才华横溢却病痛缠身,有些人事业兴旺却婚姻破裂,有些人彼此相爱却天各一方……生活中的这些不尽如人意之处,并不是三言两语就能够表达尽的。通常也正是这些外在的因素,阻碍了我们内心的快乐,使人犹如戴着微笑的面具,内心却满是伤痕。

追求人生中的完美是一种希望,是一种积极乐观的心态,但我们更要学会正视

和包容生活中的不完美之处,学会乐观地面对现实的残酷。要知道,其实正是由于一个个的不完美,合在一起才组成了生命中的完美。这是一个美丽的过程,更是一种幸福而快乐的体验。

**成 长 智 慧**

一个人过多地追求生活的完美,实际上就是一种不完美。要知道,快乐有不同的内涵,只要我们感觉到快乐,哪怕这种快乐在别人看来是生活的磨难、平庸的内容,但对于我们来说,人生也是充实而完美的。

## 一个懂得感恩的人,必将得到快乐的眷顾

**名人名言**

生活需要一颗感恩的心来创造,一颗感恩的心需要生活来滋养。——王符

在日常生活中计较的多了,其实也是一种失去。因为,计较的多了,我们的心灵负担就会很重,失望、生气、悲伤、愤怒等种种不良的情绪随之而来,它们将会占据我们心灵的整个空间而将快乐赶跑,这实在是一件得不偿失的事情。相反,计较的少,我们不一定就会失去什么,说不定还是另一种意义上的拥有呢。因为,在很多时候,舍不是弃,弃也不是无,而是一种更宽广的生命的拥有和拾取。"塞翁失马,焉知非福?"我们丢掉的也许只不过是一些可有可无的东西,结果却得到了更重要的快乐。

来看看下面这位老太太是如何让自己拥有一颗快乐之心的。

一个老太太,在路上碰到一个抢匪,把她的钱包抢走了。那天晚上,她向家人分享了这样几句话:"我今天有四件事要感谢上帝:以前我从没有碰到过抢匪;虽然他抢了我的钱包,但幸运的是他没有夺去我的性命;他虽然抢走了我身上全部的钱,但数量并不是很多;重要的是,是人家抢我的钱,而不是我去抢人家的钱。"

多么乐观的一个老太太!钱包被抢走了,她不但不生气,反

而还能以一颗宽容与感恩的心去对待。我们在生活中遇到不如意的事情时,又能做到多少呢?我们的心态与老太太相比,该是"差之千里"吧。

雨果曾说过这样一句话:"比海洋更广阔的是天空,比天空更广阔的是人的心灵。"的确,人的心灵是浩瀚的,它可以容纳许多的东西,但是,如果我们的心灵总是被生活中的自私、贪婪、卑鄙、懒惰所笼罩,不论你是富甲天下还是位及至尊,都不可能求得快乐。相反,如果我们的心灵能够不断得到感恩之泉的灌溉,宽容地对待身边的每一件事,不论我们是一贫如洗还是位卑如蚁,我们都会是快乐的。

看看吧,窗外落叶飞扬的乐章,是树木对大地滋养的感恩之情;室外蔚蓝浩瀚的晴空,是白云对蓝天哺育的感恩之情。

要知道,拥有一颗感恩的心,不仅能让我们身边的人幸福,更能让自己快乐。因此,我们需要有一颗感恩之心。

感恩之心对一个人而言,不仅是一种美好的情感,更是一种对责任的承担,对道义的坚守。只有心中充满感恩之情,我们才会想到回报他人,才会想到奉献他人。感恩父母,我们就会承欢膝下,让他们安享晚年;感恩伴侣,我们就会"执子之手,与子偕老";感恩朋友,我们就会肝胆相照,患难与共;感恩生活,我们就会热爱生活。

可是,在现实生活中,总有一些人不懂得感恩,不知道什么是感恩。一位老板,买得起劳力士手表和名牌服饰,开得起豪华跑车,也能够到国外度假,却向身边的人承认自己并没有所谓的"满足感",反而时常会感到寂寞。他还常常抱怨说:"我通过自己多年的打拼,得到这些也不容易啊,已经比我梦想的还要富裕,可是我还是感到悲伤、空虚和茫然。钱财居然不等于快乐,我真的不知道什么东西才能给我带来快乐。"

像这位老板这样,为钱财奋斗了大半辈子才悟出了"钱财居然不等于快乐"的人,其实不在少数。这是由于他们缺少感恩之心引起的。

为什么就不能用一颗感恩之心来对待自己呢?

站在疲惫的十字街头,让我们回味一下古人留下的诗句吧,也让心中有一个宁静的栖息地。"落红不是无情物,化作春泥更护花。"它告诉我们,只要心存感恩,即使是残落的花瓣也是美丽的,而不要只是赞叹"等闲识得东风面,万紫千红总是春"的俏丽。

"接天莲叶无穷碧,映日荷花别样红"告诉我们,只要心存感恩,就可以体会到山水景观中那一份自然的灵性,体会到"石边偶看清泉低,风过微闻松叶香"所带给我们的闲适。

"不要人夸颜色好,只留清气满乾坤"告诉我们,只要心存感恩,就能够知道在这花花世界中还有"出淤泥而不染"的清气,从而也不会再去感伤"最是人间留不住,朱颜辞镜花辞树"所带给我们的悲哀。

学会了感恩,当我们身处逆境中时,就会有"山重水复疑无路,柳暗花明又一村"的希望。拥有感恩的心,会让我们充满希望,充满力量,为了未来顽强拼搏,不会轻易放弃那一丝一毫的努力。

学会用一颗感恩的心面对生活中的平淡,感受平淡生活中的美丽吧。因为,有了这样一颗心灵,我们就会知道自己正拥有着一副健康的体魄，一个和睦的家庭，甚至还能感受到那清晨透过窗棂的一缕阳光是多么温暖。这所有的平淡、平常，将会因为我们拥有一颗感恩的心而变得更加快乐和美好。

### 成 长 智 慧

> 海鸟，任凭它飞得多远，都将会飞回海洋；游子，任凭他跋涉多久，都将会回归故乡。因为，他们都懂得恩情的重要性。恩情是甘霖，时时滋润着他们；恩情是春风，时时温暖着他们。我们若都能拥有这样一颗感恩的心，生活必将是快乐无比的。

# 第四章

## 放下不是放弃，而是卸掉沉重的负荷

在生活中，我们放不下的东西太多了，以至于累积了太多的不快与烦恼，甚至觉得生命是如此沉重。人生在世，有些事情我们是不必在乎的，有些东西是必须要清空的。只有把沉重的负荷放下，我们才能一身轻松并获得快乐。

学会选择，懂得放弃

# 放下不该有的欲望，才能收获快乐和幸福

**名人名言**

*多欲亏义，多忧害智。——刘安*

有这样一句话："人的所有烦恼和忧虑都是因为不满足，而人的所有进步和改变也是因为不满足。"这里说的"不满足"，实际上就是指人的欲望总也没有满足的一天。也正因为如此，我们生活中的大多数人无论在何时何地，内心总是焦虑不安的。要知道，这种不该有的欲望，无论对自身的发展还是健康来说，都是不利的。

欲望是一种什么样的东西呢？在某种程度上讲，正是因为有了欲望，才促进了社会的日益发展和进步。举个例子，比如人肚子饿时，想到要吃饭；饭菜单调了，想到要换口味；天冷了，想到要穿暖和的衣服；懒得走路了，才有了汽车的诞生；觉得生活不够风光，才有了对权力的要求；觉得一个人太孤单，才有了谈情成家的愿望；闲得无以消遣，才有了电视机等各种娱乐服务器的出现。总之，人有什么样的欲望，世界就会变成什么样子。从这一点上来说，人的欲望推动了社会的不断进步。

可是，欲望无边，有些欲望还应适可而止。一些不该有的欲望，如果出现了，只会引火上身，为自己带来一生的伤痛。

有一个农村的年轻人，在很小的时候抱负就很远大，他天天

想着如何出人头地，改变自己目前的窘迫境地。因此，他每天都勤奋刻苦，终于在十年寒窗之后一举成名。工作中他积极进取，很快有了一官半职。有了官职后，他又想着如何能够升得更高，接下来他又开始为自己的功名利禄而不辞辛苦。终于有一天，他爬到了高层。按理说这个年轻人的愿望，差不多已经完全实现了，但是，他反而又为自己贪婪地积累起了资本，他大肆地挪用和侵占公款。这个年轻人的下场可想而知了。

欲望就像越滚越大的雪球一样，诱惑着我们拼命向前。当然，能有上进心固然是一件好事，但有的人却在欲望的驱使下走上一条错误的道路，这是非常不值得的。

贪欲不止的人和故事还有很多。再来看看下面的这个故事，给大家以启示。

一个青年非常羡慕一位富翁取得的成就，于是他跑到富翁家里询问他成功的诀窍。

富翁弄清楚了青年的来意后，他什么也没有说，转身就去厨房拿来了一个大西瓜。青年迷惑不解地看着，只见富翁把西瓜切成了大小不等的3块。

"如果每块西瓜代表一定程度的利益，你会如何选择呢？"富翁一边说，一边把西瓜放在青年面前。"当然是最大的那块！"青年毫不犹豫地回答，眼睛盯着最大的那块。

富翁笑了笑："那好，请用吧！"

富翁把最大的那块西瓜递给青年，自己却吃起了最小的那块。青年还在享用最大的那块西瓜的时候，富翁已经吃完了最小的那块。接着，富翁得意地拿起剩下的一块，他还故意在青年眼前晃了晃,然后大口吃了起来。其实,那块最小的和最后一块加起来要比最大的那块大得多。

青年马上就明白了富翁的意思:富翁吃的西瓜虽没自己的大,却比自己吃得多。如果每块西瓜代表一定程度的利益,那么富翁赢得的利益自然比自己多。

吃完西瓜,富翁讲述了自己的成功经历,最后,他语重心长地对青年说:"不要贪欲不止,要想成功就要学会放弃,只有放弃眼前利益,才能获得长远利益,这就是我的成功之道。"

人生在世,许多美好的东西其实并不是因为无缘得到,而是因为我们的期望值太高。很多人往往在刚要接近一个目标时,又会突然转向另一个更高的目标。要知道,做人不能有不正当的、不应该有的欲望,否则最后不仅什么都得不到,还会使自己很狼狈。

在印度的热带丛林里,人们爱用一种奇特的狩猎方法捕捉猴子:在一个固定的小木盒里面,放上猴子爱吃的坚果,盒子上开一个小口,刚好够猴子的前爪伸进去,猴子一旦抓住坚果,爪子就抽不出来了。人们常常用这种方法捉猴子,因为猴子有一种习性:不肯放下已经到手的东西。人们总会嘲笑猴子的愚蠢:为什么不松开爪子放下坚果逃命?但审视一下我们自己,也许就会发现,并不是只有猴子才会犯这样的错误,我们更会犯这样的错误。

因为放不下到手的职务、待遇,一些人整天东奔西跑,耽误了更远大的前程;因为放不下诱人的钱财,一些人费尽心思,利用各种机会大捞一把,结果常常作茧自缚;因为放不下对权力的占有,一些人热衷于溜须拍马、行贿受贿,不惜丢掉做人的尊严,一旦事情败露，又后悔莫及……

其实，我们的生命如水中行舟一样。生命之舟是载不动太多的物欲和虚荣心的，而想要使自己在抵达彼岸时不在中途搁浅或沉没，我们就必须让自己学会轻载，只取需要的东西，把那些不应该有的欲望果断地放下。也只有把超过负荷的欲望放下，我们才能升腾起轻松、快乐的喜悦之情。

**成长智慧**

在人的生命中，本就有太多的欲望，但我们要懂得放下不该有的欲望；在人的生命中，本就有着太多的沉重，但我们要懂得放下自己身上的包袱。只有学会了放下，我们才能收获快乐和幸福。

学会选择，懂得放弃

## 只有解开心结，才能去除心灵中的荒草

经得起各种诱惑和烦恼的考验，才算达到了最完美的心灵健康。——培根

我们先来看两个与心理相关的故事。

公元前233年冬天，马其顿国王亚历山大大帝率军攻入"戈底乌斯城"。城中的朱庇特神庙内有一个著名的"戈底乌斯绳结"，这绳结极为难解。据当地的传说，几百年前，弗尼吉亚的戈迪亚斯王在其牛车上系了一个复杂的绳结，并留下预言：谁能解开它，谁就能成为"亚细亚之王"。自此以后，每年都有很多人来看"戈底乌斯绳结"，各国的武士和王子也曾试图解开这个绳结，可都不知从何处下手。

亚历山大对这个预言非常感兴趣，在人们的引领下，他来到了这个神秘之结前。亚历山大仔细观察着这个绳结，过了许久，他连绳头都未找到。突然他心有所悟，遂对自己说："我为什么要遵守他人的规则呢？为什么不建立我自己的行动规则呢？"于是他拔出剑来，一剑把绳结劈成两半，这个保留了数百载的难解之结就这样轻易地被解开了。后来，亚历山大果真成了"亚细亚之王"。

再看另一个故事。一代魔术大师胡汀尼有一手绝活，他能在

极短的时间内打开无论多么复杂的锁，从未失手。他曾为自己定下一个富有挑战性的目标：要在60分钟之内从任何锁中挣脱出来，条件是让他穿着特制的衣服进去，并且不能有人在旁边观看。

有一个英国小镇的居民决定向伟大的胡汀尼挑战，有意给他难堪。他们特别打制了一个坚固的铁牢，配上一把看上去非常复杂的锁，他们请胡汀尼来看看能否从这里出去。胡汀尼接受了这个挑战。他穿上特制的衣服走进铁牢中，牢门"哐啷"一声关了起来，大家遵守规则转过身去不看他。胡汀尼从衣服中取出自己特制的工具开始工作。

三十分钟过去了，胡汀尼用耳朵紧贴着锁，专注地工作着；一个小时过去了，胡汀尼头上开始冒汗；两个小时过去了，胡汀尼始终听不到期待中的锁簧弹开的声音。他精疲力竭地将身体靠在门上坐下来，结果牢门却顺势而开。原来牢门根本没有上锁，那把看似很厉害的锁只是个样子。

门没有上锁，自然也就无法开锁，但胡汀尼心中的门却习惯性地上了锁，因而他那无形的心锁便锁住了他面前那无锁的门，使它难以打开。

前一个故事给了我们很深的印象。亚历山大的利剑一挥，绳结两断。对于世人都解不开的难题，只要运用新奇的思维，将带结的疑难收缩于自己的内心，再运用非凡的勇气与胆魄，就能获得全新的答案。后一个故事深含寓意。它告诉我们，心灵的世界天宽地阔，切记不可被许多虚掩的门所挡，不要被一些无谓的锁锁住自己的去路，更不要自我上锁，为自己凭空设限，把自己长期困在一个死胡同里，失去快乐，平添忧愁。

学会选择，懂得放弃

由此我们知道，要想从平凡中发现美好与神奇，从难解的问题中求得解答，从困境中获取信心与希望，从是非迷惑中求得清醒，最好的办法不是怎样去解决外界的问题，而是从自己的心灵与情感着手，解开自己的心结，去除心灵的碎石与荒草。我们每个人的生活其实也就是我们的心灵在这个世间的历行。清代曹雪芹说："心病终须心药医，解铃还须系铃人。"生活中难解问题的源头在我们的心灵深处，因而最好的解铃办法也当从我们的心灵与情感着手。

有一个参禅的故事。

一个后生从家里到一座禅院去，在路上他看到了一件有趣的事，他想以此考考禅院里的老禅者。来到禅院，他与老禅者一边品茗一边闲扯，冷不防他问了一句："什么是团团转？"

"皆因绳未断。"老禅者随口答道。

后生听到老禅者这样回答，顿时目瞪口呆。

老禅者见状，问道："什么使你如此惊讶？"

"不，老师父，我惊讶的是你怎么知道的呢？"后生说，"我今天在来的路上，看到一头牛被绳子穿了鼻子拴在树上，这头牛想离开这棵树到草地上吃草，谁知它转过来转过去都不得脱身。我以为师父既然没看见肯定答不出来，哪知师父出口就答对了。"

老禅者微笑着说："你问的是事，我答的是理，你问的是牛被绳缚而不得解脱，我答的是心被俗务纠缠而不得超脱，一理通百事啊！"

后生大悟。缚得牛团团转而难以吃草的是绳，约束人团团转而不得解脱的是无形的欲望。既然如此，我们又何不割断我们的欲望之绳呢？

绳结当前，乱麻可以快刀解决；欲望缠身，我们也可以割断欲望之绳；而如果事情已经发生，那就不只是想办法解决，而是应当有所记忆，有所忘却。

阿拉伯著名作家阿里有一次和吉伯、马沙两位朋友一起旅行。三人行至一个山谷时，马沙失足滑落，幸而吉伯拼命拉他才将他救起，马沙就在附近的大石头上刻下了："某年某月某日，吉伯救了马沙一命。"三人继续走了几天，来到一处河边，吉伯与马沙为了一件小事吵起来，吉伯一气之下打了马沙一耳光，马沙就在沙滩上写下："某年某月某日，吉伯打了马沙一个耳光。"

当他们旅游回来之后，阿里好奇地问马沙，为什么把吉伯救他的事刻在石头上，而将吉伯打他的事写在沙滩上。马沙回答："我永远都感激吉伯救了我一命。至于他打我的事，随着沙滩上字迹的消失，我会忘记得一干二净。"

## 学会选择，懂得放弃

恩情不可不报，怨仇却是应该学会忘却的。记住他人对我们的恩惠，忘却我们对他人的怨恨，我们的心灵会更加轻松、自在、快乐，世间便会少了许多的伤害，因而世界也会变得更加美好。常记住年少时无忧无虑的快乐时光，尽可能忘却现阶段无尽的烦恼；多记住生活的美好幸福与曾经的辉煌，而适度忘却生活的苦难与悲凉。

很多时候我们并不知道自己的哪一个追求算是实在，哪一个追求又算是贪欲。尘世深深，尘网缠绕。在现实生活中，我们要做的更多的并不是割断弃绝，而是拔掉事业的杂草，涤除心灵的尘埃。

一位哲学家带着一群弟子周游世界，10年间他们游历了很多的国家，拜访了很多有学问的人，现在他们回来了，各个都满腹经纶。进城之前，哲学家在郊外的一片草地上坐了下来，对弟子们说："10年游历让你们都成了饱学之士，现在学业就要结束了，我们上最后一课吧！"

弟子们围着哲学家坐了下来。哲学家问："现在我们坐在什么地方？"

弟子们答："现在我们坐在旷野里。"

哲学家又问："旷野里长着什么？"

弟子们说："旷野里长满杂草。"

哲学家说："对，旷野里长满杂草。现在我想知道的是如何除掉这些杂草。"

弟子们非常惊愕，他们都没有想到，一直探讨人生奥妙的哲学家最后一课问的竟是这么简单的一个问题。

一个弟子首先开口说:"老师,只要有铲子就够了。"哲学家点点头。

另一个弟子接着说:"用火烧也是一个很好的办法。"哲学家微笑了一下,示意下一位。

第三个弟子说:"撒上石灰就可以除掉所有的杂草。"

接着第四个弟子回答说:"斩草除根,只要把根挖出来就行了。"

等弟子们都讲完了,哲学家站了起来,说:"课就上到这里了,你们回去后按照各自的方法除去一片杂草,没除掉的一年后再来相聚。"

一年后他们都来了,不过原来相聚的地方已不再是杂草丛生,它已经变成了一片长满谷子的庄稼地。弟子们围着谷地坐下,等待哲学家的到来,可是哲学家始终没有来。

数年后哲学家去世了,弟子们在整理他的言论时,私自在书的最后补了一章:要想除掉旷野里的杂草,方法只有一种,那就是在上面种上庄稼。同样,要想让灵魂没有纷扰,最好的方法就是用美德占据它。

要想除掉旷野里的杂草,最好的方法就是在上面种上庄稼;要想忘掉失恋的痛苦,最好的办法是重新找到一位能与之两情相悦的爱人;要想摆脱尘杂俗务,最好是确定一生最理想的目标;而要想实现自己心目中的理想,成就自己的事业,就要心无旁骛,全力以赴。

但在生活中常常杂务堆积,让我们难以负荷,有一些心结我们总无法放下。一段情缘,常常让我们愁肠百结;一次过失,常常让我们痛心疾首；一次伤害，让我们良心上压力太大而长时间都难以安宁；一回成败，甚至能让我们终生牵挂。欲望太多太杂，内心便被各处拉扯，四面分散而一片混乱，就如天鹅拉车的寓言故事一样，徒然缠满绳索，却只有混乱而难以前行。人们受种种欲望的驱使，常常辗转奔波，长年劳作，心灵疲惫却不知自己在做些什么。我们何时才能够将日子过得轻松自在呢？

不要苛求完美，也不要寻求极端；不要无端地给自己太大的压力，也不要让自己活得太沉重太劳累，从而使自己远离轻松而美好的生活。你可以正视自己的处境，解开自己的心结，去除心灵的无端负荷，扫除其中的石头、荒草与尘埃。而如果你难以正视自己的内心，难以排解压力的话，你也可以找一个人向他倾诉，或求得他的帮助。有时候倾诉便能舒解积压在心头的负荷。当然，如果是倾诉的话，你得有选择地找某个人。在这个人面前，你可以谈论任何事情，你可以征求他的建议，你也可以让他只是简单地听你说话，而不做任何评价。这个人可以是一位朋友，也可以是一位心理医生。

而如果你不向他人倾诉自己内心的心结，那么说明你对这些事情还是难以正视和放下。你为此羞愧，为此懊悔，为此任其隐秘地盘踞在自己的心头，它纠缠得你内心难以安宁。你完全没必要这样，你只需要找一个人倾诉而已。你至少要有一个你信任的人，面对他时人不会拘束。你要说出你的感觉，不要掩饰地说："啊哈，这种事情我倒是无所谓。"相反，如果你能敞开自己的胸怀，你的心灵将变得更加轻松自在，更为宁净。其实每个人的心灵都有些奇妙而又有些"盲视"，很多时候自己内心以为是多么沉重多么了不起的事情,其实在说出来以后或对他人而言,根本就算不得什么。

当我们遇到迷惑、困难或者难解之结时,要善于解开自己的心中之锁,去除心灵的石头与荒草。如此,我们就能够大事化小,小事化了,疑难随心而去,迷惑自动消散,快乐之情也将翩然而至,注满心田。

### 成 长 智 慧

面对人生、事业、爱情等,每个人都有过彷徨、迷惘。如果迷离的纷华遮住了我们的双眼,纷乱的声音笼罩住我们的耳膜,苦苦地求索而寻不到心灵的净土,此时,一些碎石便容易侵占人的心灵,若不能及时地做认真的自我审视与剖析,心灵很快就会荒芜。我们应让心灵沉浸在春风细雨中,让金色阳光遍洒心灵的每处角落。只有这样,灵魂才不会受纷扰,快乐才能常驻心间。

## 只有善待每一天,才能赢得美好的明天

**名 人 名 言**

生命不可能有两次,但许多人连一次也不善于度过。——吕凯特

库里希坡斯说:"过去与未来并不是'存在'的东西,而是'存在过'和'可能存在'的东西,唯一'存在'的只有现在。"一句人生哲理道尽了人生的苦辣酸甜。的确,我们的生命是在每一个今天中度过,而并非是在已逝的昨天和未知的明天。

一个智者与一个老人聊天时,智者曾这样对老人说:"想想看,你这一生是怎么过的,年轻的时候,你拼命想进一所一流的大学;随后,你巴不得赶快毕业找一份好工作;接着,你迫不及待地想结婚、生小孩;然后,你又整天盼望着孩子快点长大,好减轻你的负担;后来呢,小孩长大了,你又恨不得赶快退休;最后,你真的退休了,不过,你也老得几乎连路都走不动了……当你正想停下来好好喘口气的时候,生命也快结束了。"

诚然,我们的生活如上面的那位智者所说的这样,多数人都是在一天天的追求和劳碌中走过自己的一生。人们时时刻刻为生命而担忧,为未来做着准备,一心一意计划着以后发生的事,却忘记了把眼光放在"现在"。等到时间一分一秒地从我们身边流过,才恍然大悟"时不待人"。

汤尼·布朗是位著名的专业摄影师,他的作品经常出现在报

纸和杂志上。他这样回忆他人生中经历的一个片段:"那件事情发生在20年前。我的工作不顺利,家庭也有问题。有一天,下午4点左右,我走在市中心的街上,要去一个客户那儿做简报。突然,我听见一长声喇叭和一个女人的尖叫声,我抬起头看见一辆车正往我面前冲过来。

"一切仿佛像是慢动作一般,我呆呆地站在那儿,充满恐惧地望着冲向我的车,我脑子快速闪过……完了!我死定了!就在这千钧一发之际,我感觉有人抓住我把我往后猛拉。几乎就只差几厘米了,我甚至还感觉到车子擦过我的外套。差一厘米我就被撞到了,那肯定必死无疑。我转过身,惊魂未定地看着那个救了我一命的人,一个身材矮小的中国老人。

"在那一瞬间,我觉得我忽然发现了生命的一个秘密。秘密不是那一刹那,而是'活在那一刹那''活在当下,活在现在'。快乐不是花几年、几个月、几个礼拜,甚至几天找来的,它是从我们活在当下里找到的。"

也许,只有经历了生活中的风风雨雨之后,一个人才会对生命有如此透彻和理性的理解。很多道理其实我们没有必要等到了一定的年龄才去领悟,早一天明白,我们就能早一天受益。

有一个外出旅行者途经荒野时,碰到了一只老虎,老虎对他穷追不舍。为了逃命,他跑到一处悬崖上,双手攀住一根野藤,全身在半空中悬荡。这时,他抬头仰望,老虎正向他怒吼;向下看去,另一只老虎张开血盆大口,正在等着他掉下来。很危险的境地!而就在这时,又有两只老鼠正一点一点地啃噬那条枯藤。可想而知,他只有死路一条了,但是,正在不知所措之时,他却发现在他的不远处有一粒鲜美的草莓在悬崖上正花枝招展地生长着,于是他迫不及待地以一只手攀藤,以另一只手去采草莓。他将采到的草莓送入口中尝了一下,味道好美啊!最后,旅行者运用自己的智慧,终于被抢险队救出了险境。

这个故事给了我们这样一个启示:人无论处于困境还是逆境,都应该用积极的心态乐观地面对生活。

一位禅师曾这样说:"人生只有三天:昨天,今天与明天。笨的人活在昨天,蠢的人活在明天,聪明的人活在当下。"今天,当我们奢望明天会更好的同时,我们却忘记了明天正是今天的继续,今天都不好,我们的明天怎么能好呢?读完上面这个故事,不知道你是不是会产生这样的感受:那是一个多么聪明的人,那是一个多么聪明的举动!

我们应该知道：今天，我们每个人都是这世上的旅客，这个旅行充满了冒险和传奇，谁也无法预料，我们会不会像那位途经荒野的旅行者一样，身陷虎口，难以脱险，而那时，焦虑、痛苦、彷徨又有何用？我们唯一能够把握的，只有今天，只有眼前。

把我们昨天的回忆收藏起来吧，让我们把对明天的遥望化作今天积极向上的力量。追求于今天，奋斗于今天，幸福于今天，快乐于今天。记住：只有我们善待每一个今天，我们才能成就更美好的未来。

"现在"正是上天赐予我们的一份最好的礼物。

### 成 长 智 慧

如果说过去是一个逗号的话，那么未来就是一个问号，当下则是一个冒号。过去的已过去，未来的还未来，只有努力善待每一个今天，我们才能赢得人生的快乐和精彩。

## 只有把痛苦放下，幸福才会到来

### 名人名言

一切痛苦能够毁灭人，然而受苦的人也能把痛苦消灭！——拜伦

痛苦是一种知觉，它会在人们不断的复制中增强对人的腐蚀性，当它达到一定的量度，便会开始不断地扼杀幸福的元素。

多数痛苦是因为过去发生的事情而造成的。我们要知道，时光不会倒流，过去的已经成为事实，任何人都无法改变它。因为，人生不会重来，如果我们在错过太阳的时候流泪，那么，我们很有可能又要错过下一个美好的星辰了。当用过去的痛苦损害了目前存在的意义，这是在伤害自己，企图用过去的痛苦埋没现在的幸福。因此，我们要学会放下曾经的痛苦，也不要再浪费时间抚摸过往的伤痕，只有这样，我们才能体会到每天幸福的滋味。

有一个苦恼的年轻人，背着一个大包裹去寻找自己的幸福。他经历了层层荆棘和道道坎坷之后，来到了一条波涛汹涌的大河前。

河上没有桥，却有一位清癯的白发老人，老人驾着独木舟载他过河。

老人问年轻人要去哪里，年轻人回答说要去寻找幸福。

"是这样啊！那你把这个破包裹丢到河里去，然后再去寻找。"老人对年轻人说。

"这可不行,包裹里面藏着我一路上跋涉中的孤独、黑夜里的寂寞、跌倒时的痛苦、受伤后的泪水,靠着它们的陪伴我才走到了今天。"年轻人紧紧地抱着自己的包裹。

老人不再说话,只在过河之后要求年轻人把他也放进包裹里。

"什么意思?"年轻人以为自己听错了。

"既然你什么都放不下,那我帮助你过了这条大河,你应该将我也带上。"老人解释道。

年轻人这时恍然大悟,他把装满痛苦回忆的包裹扔到了一边。顿时,他感到自己的步履无比轻松。更让人奇怪的是,他的心底涌出了一种幸福的感觉。

年轻人带着一路走来的痛苦和辛酸过河,还说要去寻找幸福,殊不知,幸福其实就在他自己的掌握之中,只要他能将随身携带的痛苦抛开,他就可以拥有幸福和快乐。而在生活中,我们可以轻松地将荣耀和成绩放在身后,但要将曾经经历过的痛苦完全放下却并不是每个人都能做到的。

他对她情有独钟,多年来一直对她照顾有加。她也知道他的意思,却总是若即若离地伴他左右,等到他向她表白时,她就托词拒绝,但有事没事还要他照顾。只要有她的召唤,他总是受宠若惊,放下所有的事陪她、逗她开心。几年来,他是她的小跟班,他付出了他作为男朋友该付出的一切,而她却总是在他向自己表白时拒绝他,而又在需要他时找他,就这样,令他觉得他还是有希望的。他就这么一直痛苦并快乐着,他明知道自己是无望的,却又舍不得离开她。他希望有一天,她的快乐和痛苦都和他息息相关。但是，那一天他最终还是没有等来。那个女孩也还是像从前一样，没有找到自己期望中的爱情，还是那么痛苦。

这种痛苦而忧伤的爱情故事，在生活中有很多。男孩如果放下这份令自己痛苦不堪的爱情，也许他会生活得更快乐，也许他可能会找到更令自己满意的爱情。女孩如果能放下心中的某些欲望，说不定她也会生活得更幸福。生活中的种种痛苦，其实都是不懂得将它放下引起的。

人能看惯每天的日升月落，春秋代序；能习惯一年四季的冷暖世象，世间万物的改变，却很难看淡人间的悲欢离合，情仇恩怨，更难将伤心难过看得云淡风轻。

要知道，我们在日常生活中开心与不开心，一天都要经历24个小时，那么，为什么不让自己开开心心地度过每一天呢？时间

对我们每个人来说都是公平的，不管你是什么人，一天同样拥有24小时，做人应该活得潇洒一些，懂得自己主宰自己的命运。

在那些令自己痛苦的事情面前，你要保持乐观、开朗、平静的心态，并且善于缓解一切的压力，消除一切的烦恼。俗话说："退一步海阔天空，忍一时风平浪静。"说得正是这个道理。

如果，你想走进幸福的花园，就必须学会"忘掉疼痛"。著名作家纪伯伦有一句话说得好："忘记是自由的一种形式。"忘记曾经的伤害，忘记已发生的过错，忘记已品尝过的痛苦，如此，我们才能使自己的心灵达到一种相对自由的境界，容下幸福和快乐。

## 成 长 智 慧

人生不可能没有痛苦，但是，最痛苦的莫过于那些抱着过去的痛苦不放的人。痛苦，是脆弱生命的不可承受之重。人的内心如果填满了过去的痛苦，就会失去接受幸福的空间。放下痛苦，人才能转而寻找到自己的幸福。

## 不放弃心中的希望,未来就不会放弃你

永远没有人力可以击退一个坚决强毅的希望。——金斯莱

法国科学家帕斯卡尔曾在他的《思想录》里提出了一个著名命题:人是一棵会思想的苇草。他再脆弱不过,随便一阵风就能将他摧毁;但他又是不可战胜的,因为他有思想。人的全部尊严就在于思想。

如果没有思想,"我占有多少土地也不会有用;由于空间,宇宙囊括并吞没了我;由于思想,我却囊括了宇宙"。总之,一个人有了思想,便有了一切。思想的这种巨大作用,在很大程度上是通过我们的希望来实现的。

希望基于现实,却又超越现实,从而牵引我们在世俗的包围中走出一条大道,走向更美好的生活。它体现着人类的全部高贵、尊严和自强不息的进取心。没有它的牵引和支撑,人类不可能发展和维持到今天。

希望是人类生命的长明灯,是它牵引着人们走向快乐,走向成功。纵览古今中外一些伟人的生平,我们会发现他们每次在重大的转折面前,都是靠一个个希望支撑住的,如果不是这样,他们可能早就被击垮了。

比如,为解放黑人奴隶而奋斗一生的美国第 16 任总统林肯,

他曾历经苦难，受尽敌人甚至同僚的攻击，最后终于迎来了胜利，但就在这个时候，他被暗杀了，这种经历可谓很不寻常。是什么使他支撑下去的呢？那就是他心灵深处的希望。他曾在回击一个同僚的攻击时，明白无误地表明了这一点。一名叫西华的同僚攻击他不会管理自己，林肯回答说："我也许不善于管理自己，但西华也好不到哪里去。我唯一的主宰是良心和上帝，这一点人们迟早会知道。"所谓"良心和上帝"，就是他的解放黑奴、实现人人平等的理想。

我们什么都可以放下，但绝对不能放下我们心中的希望。

小的时候，老师常常问我们，你们长大后的理想是什么？随着时光的推移，有的人实现了自己的理想，有的人一再改变着自己的理想，有的人则在忙碌的生活中，淡忘了曾经的理想。理想仅仅是儿时的作文题目吗？当然不是，不管你活成什么样子，或者成功，或者失意，或者贫穷，或者富有。你都应该有自己的目标，都应该有自己的一个梦想。

成功是努力和天赋成就的，但同时也是希望成就的。如果没有希望，人就会没有目标，就会安于现状。梦想不分年龄，不分先后，梦想并不仅仅是孩子的专利、年轻人的专利。只要你有干劲儿，只要你肯付出努力，只要你的方向是对的，那么，就算你已经走过了大半生的岁月，你一样可以拾起旧日的梦想，重新张开希望的翅膀。

曾有一位老太太，在60岁的时候艰苦创业，她到山西学做凉皮，用卖凉皮的钱供子女读书，并因此而名震一方。后来，她拿出18万元免费培训下岗女工，这个感人的事迹激励了无数人

在逆境中奋进。60岁仍然可以成为人生的起点，因为有梦想和希望在支撑着她，那是她的动力，是她克服困难的希望所在。

一个希望就是手中的一把金钥匙。当置身于人生的迷宫时，它能够帮助我们摘取皇冠上的那颗明珠。所以，无论在任何时候，我们都不要对自己的梦想绝望，只要希望不灭，我们就能够拥有快乐而富足的人生。

## 成长智慧

希望是什么？希望是在被厄运纠缠的时候，不暴躁发怒，耐心等待机会；希望是在痛苦时，不气馁，依然全心投入奋斗；希望是在身处黑暗的时候，心中那盏不灭的光明之灯。一个人希望的路有千万条，处处流入海洋。只要不放弃心中的希望，美好的未来就不会将你放弃。

# 第五章

## 欲望要适可而止，否则会引火烧身

假如一个人心中时刻充满着无尽的欲望，终日奔波于名利场中，那么他永远也不会有舒心的时候。一个人要想活得洒脱，就不应为身外物所累，受富贵名利的诱惑。泰然自若，怡然自得，才能主宰生死与名利，无往而不乐。

# 不要有太高的欲望，否则什么都得不到

**名 人 名 言**

生活中有两个悲剧，一个是你的欲望得不到满足，另一个则是你的欲望得到了满足。——萧伯纳

有万贯家产，但孩子不成器，不快乐；有了私车没有豪宅，不快乐；有薪水丰厚的工作，手中无权，不快乐；做官嫌官小，不快乐；有漂亮的脸蛋而没有好的身材，不快乐……一句话，欲望过高的人永远快乐不起来。

我们总是有太多的欲望，为自己定下太多的目标。所以我们总是把快乐放到未来，把快乐供奉在内心深处，而逼迫自己付出当下全部的精力为未来的快乐不停地努力，从而忽视了眼前的快乐。我们总是在想：如果能够如何的话，我就会快乐，而这个"如何"并不在眼前，那么快乐就要等到将来"如何"实现后才能享受，所以快乐就被我们收藏了起来。也许你曾经是一个精力充沛的人，突然有一天你会发现，曾经的锐气一点点地被磨光，曾经的抱负渐渐被遗忘，曾经眸子里的光芒不知何时消失了，浑身的力量也不知道哪里去了。快乐真的很难吗？不，快乐其实很容易！因为快乐只是一种习惯。

出生时，我们一无所有，但年复一年，我们已被生活的包袱压得喘不过气来。同时，我们也被各种欲望折磨着。欲望太多，常使人不易满足,以至产生忧愁、愤怒。

托尔斯泰说:"欲望越小,人生就越幸福。"知足才能常乐,才能免除恐惧与焦虑,活得轻松,过得自在。

许多人慨叹生活的艰辛,那是因为他们过于追逐名利;许多人抱怨生活的乏味,那是因为他们看不到生命的多彩;许多人在潮水般的物欲中迷失了回家的方向,那是因为他们不能捍卫精神家园。

《格林童话》中有这样一个故事:在大森林的边缘住着一个小男孩,有一年冬天,积雪覆盖大地,小男孩家里的柴和米都没有了,他不得不出门拾柴。捡到了柴,小男孩把它们捆起来时,他自己快要被冻僵了,于是他想先不回家,先就地生一堆火暖暖身子。于是他扒出了一块空地,这时,他发现了一把小小的金钥匙。他想,既然连钥匙都是金的,那么被锁住的东西肯定更值钱了,便往地里挖,不一会儿他挖出了个铁盒子。"要是这钥匙能打开这锁就好了!"他想,"那小盒子里一定有许多珍宝。"他找了找,却找不到锁眼。最后他发现了一个小孔,小得几乎看不见。他试了试,钥匙正好能插进,可是他发现钥匙不但转不动,而且还拔不出来了,最终他一无所获。

这就是欲望,假如他把见到的金钥匙拿去换钱,那么他也会有些收获,为什么非要找被锁住的东西呢?人生的许多不幸,大多不是来自自身的贫穷,而是来自自身的欲望。人们总是在得到一点儿小利以后就向往着更多的财富,并总是想在大量的物质财富里获得幸福,其实这是人们认识思维中的误区。

我们的痛苦、我们的不幸,不是因为我们拥有的不够多,而是源于我们对这个世界知晓得太多。如果不知道冰激凌，夏天有白开水喝一样过得很快乐。这句话可能说的并不全面，但却在某一方面道出了人们的困惑。在物欲横流的今天，面对这个光怪陆离的世界，大多数人被物欲所控制，他们不惜以身试法，最后踏上了一条不归路。

### 成长智慧

莫让金钱、名利和地位剥夺了你的快乐、充实和满足。寻找精神的家园，让疲惫的心有一个停泊避风的港湾；寻找精神的亮色，让盲目逐流的生活多一分色泽。

## 欲望是无边的,凡事要适可而止

自我控制是最强者的本能。——萧伯纳

关于贪欲,有这么一个形象的比喻:贪欲就像口渴时饮盐水,越口渴,盐水饮得越多;盐水饮得越多,口就越渴……如此形成恶性循环,直到体内沉积过多盐分而导致机能衰竭。

人性中如果贪欲的成分大,人是很难收手作罢的,人们表面上告诫自己"仅此一次,下不为例",实质上,贪欲的根还在,遇到合适的机会,它还是要发芽的。这样,贪欲越生越强,最后变成习惯、自然,不去贪占反而不适应了。

德国著名的哲学家叔本华说过:"生命是一团欲望,欲望不能满足便痛苦,满足便无聊,人生就在痛苦和无聊之间摇摆。"看清了这一点,我们就可以尝试着用理智克制欲望,安然地享受人生的和谐。

在一间很破的屋子里,有一个穷人,他穷得连床也没有,只好躺在一张长凳上。穷人自言自语地说:"我真想发财呀,如果我发了财,决不做吝啬鬼……"

这时候,穷人的身旁出现了一个魔鬼:"好吧,我就让你发财吧,我会给你一个有魔力的钱袋。这钱袋里永远有一块金币,是拿不完的,但是,在你觉得够了时就要把钱袋扔掉,才可以开始花钱。"

说完魔鬼就不见了,在穷人的身边,真的有一个钱袋,里面装着一块金币。穷人把那块金币拿出来,里面又有了一块,于是穷人不断地从钱袋里往外拿金币,拿了整整一个晚上,金币已有一大堆了。第二天,他很饿,想去买面包,但是,在他花钱以前,必须扔掉那个钱袋。

他又开始从钱袋里往外拿金币,并且不吃不喝地拿。终于,他生病了,不久,他倒下了,死在了他的长凳上。

临死前他说了句:"我怎么没拿钱看病呢?"

穷人之所以没钱看病,正是因为他不懂得适可而止的道理。如果他能及时地遏制自己的欲望,扔掉那个钱袋,那他的人生将是另一番景象。

人有欲望并不可怕,关键是不要被欲望牵着鼻子走。"人心不足蛇吞象",人的欲望就像一座火山,若不加以控制,一旦爆发就会后患无穷。

一天,一个孩子追逐一只猫,想抓住它,这只猫仓皇奔跑,一头钻进厨房里,突然,"砰"地一声,它将一瓶蜂蜜打破了。

蜂蜜洒了出来,甜味弥漫在院子里。有一群苍蝇被蜂蜜的甜味吸引,纷纷从窗外飞进来,停在蜂蜜上大快朵颐。它们没注意到双脚已被蜂蜜黏住了,依然享受着蜂蜜的香甜,没多久,它们飞不开也动不了,身体渐渐地凝在蜂蜜里。这群苍蝇越是挣脱,越是被黏得牢,最后,它们用尽了力气也没有逃脱。断气前,它们叹息道:"我们真是傻,为了一点儿甜头,竟然害死了自己。"

目光短浅的人为了享受一时之快，贪图蝇头小利，结果只会遗祸无穷，葬送自己的大好前程。因此，在诱惑和享受面前，一定要保持冷静，适度节制。

**成 长 智 慧**

在我们的一生中，如果没有欲望或者少些欲望，我们会活得很轻松洒脱，时时处处都能拥有体会生活之妙的心境，一根草，一朵花，一棵树，一滴水，一只飞鸟，都能让我们停住脚步，毫无牵挂、毫无羁绊地感受生活的美好。

## 抵挡住眼前的诱惑，才不会迷失自己

只有抗拒诱惑，你才有更多的机会做出高尚的行为来。

——车尔尼雪夫斯基

世间的万物，对人来说，实在都是一种诱惑。

金钱是一种诱惑，有了金钱几乎拥有了一切，金钱能给人带来荣耀，金钱能给人带来享受，金钱能帮人满足数不胜数的欲望，金钱的诱惑力怎么可能不大？

权势是一种诱惑，有了权势等同于拥有一切，"权"几乎等于"钱"，从古到今，用钱买官的有，用官挣钱的人也有，"钱""权"交易在有些人眼里，早已是再平常不过的了，"权"难怪有那么大的诱惑？

荣誉也是一种诱惑。常言道："人过留名，雁过留声。"荣誉就像头上的皇冠，就像颈上的花环，那么灿烂，那么耀眼，有了荣誉就像给人贴上了能力的标签，更不用说这种标签的后面还跟着实惠。荣誉自然有了它的诱惑力。

情爱当算一种诱惑。这世间痴情、痴爱的人也不少。不管这情从哪儿来，爱从哪儿生，为了这两个字，上当受骗的有，葬送一生的也有。花前月下，甜言蜜语，谁不向往，谁不动情？所以情到深处，爱到非他（她）不可时，也是一种诱惑。

世间大大小小的诱惑实在是太多了,放弃这些诱惑,特别是放弃已经捧在手里的诱惑,真的需要勇气……

诱惑或许可以让人们得到短暂的快乐,但它却是滋生脆弱和麻木的温床,让人们忍受不了生活的艰辛和困苦,忘却生活的目标和方向,放弃对理想和美好愿望的追求。

伟大的科学家爱因斯坦,曾收到一封邀请他出任以色列总统的信函,但爱因斯坦却拒绝了这一邀请,放弃了这个职位。

他说:"我的整个一生都在同客观世界打交道,因而缺乏天生的才智,又缺乏经验处理行政事务和公正地对待他人,所以我不适合这个职位。"

爱因斯坦放弃了这个令许多人羡慕的职位,专注于客观世界,最大限度地实现了自己的人生价值,成为了科学巨匠。

生命之舟载不动许多欲望,要想抵达理想的彼岸,只有轻载,果断地放弃那些可以放下的东西。爱因斯坦的故事告诉我们一个道理:该放弃时,就应该果断放弃。

摆在每个人面前的诱惑实在太多:金钱、权力、地位……面对这些诱惑,如果我们不懂得放弃,而是一味地贪婪追逐,就会给自己带来无谓的烦恼和无尽的压力,甚至可能毁掉自己。

放弃诱惑是幸福和甜蜜的,眼中没有了诱惑,生活就变得平淡而恬静,没有了诱惑,人就变得安然而洒脱。

在美国得克萨斯州的一个校园里,其中一个班的8个学生被老师带到了一间很大的空房间里。随后,一个陌生的中年男子走了进来。

他给每个人都发了一粒包装十分精美的糖果,并告诉他们:

这糖果属于你,你可以随时吃掉,但如果谁能坚持等我回来以后再吃,那就会得到两粒同样的糖果作为奖励。说完,他转身离开了这里。

时间一分一秒地过去了。有一个孩子剥掉了精美的糖纸,把糖放进嘴里并发出"啧啧"的声音。受他的影响,有几个孩子忍不住了,纷纷剥开了精美的糖纸,但仍有一半以上的孩子在千方

百计地控制着自己，一直等到40分钟后，那个陌生人回来。当然，那些没有吃掉糖的孩子得到了应有的奖励。

后来，那个陌生人跟踪这些孩子整整20年。他发现，能够抵挡住诱惑的孩子从来不在困难面前低头，总是能走出困境获得成功。

在生活中，为了追求更大的目标，获得更大的享受，我们要学会克制自己的欲望，放弃眼前的诱惑。事实上，那些一时冲动犯罪的人，往往都不能克制自己瞬间膨胀的欲望。相反，那些事业有成的人，往往能够把一个个小的欲望累积起来，成为不断激励自己前进的动力。

现实生活中，勇于放弃触手可及的诱惑，才能追求自己真正想要的成功和幸福。如果不放弃眼前的诱惑，肯定会失去未来的幸福。只有拥有坚定的毅力，只有抵挡住近在眼前的诱惑，才能真正享受到成功的喜悦。

## 成 长 智 慧

为了将来的成功，我们应该学会静静地等候，抵挡眼前的诱惑，放眼更远的目标。如果你的目标是山顶的鲜花，就不要留恋沿途的绿荫；如果你的目标是大海的那一边，就不要被沿途的浅滩而阻断；如果你的目标是朝阳，就不要为山间的早雾所迷惑。

## 把名利看淡一些,才能活得悠然自得

**名人名言**

一个人不应受名誉、金钱和地位的诱惑去忽视正义和其他德行。——柏拉图

在这个物质追求越来越强烈的社会里,人们的心态也变得越来越浮躁,一些人过分执着于追名逐利,但这种执着并不能带给他们预想中的快乐,反而会给他们带来无尽的苦恼。

《名贤集》中有这样一句话:"无名草木年年发,不信男儿一世穷。"人的一生面临许多关卡,许多事情都是难以预料的。不管是地位还是财富,都不是自己所能决定的。人生活在这个社会中,不可能事事顺心,或许一生的努力都是徒劳,或许高官厚禄、巨额钱财在顷刻之间就会离你而去,荣耀风光成为黄粱一梦。一些人老谋深算,为了争名夺利,不择手段地算计他人,可在冥冥之中却已被他人算计。人何必活得这么辛苦?淡泊名利才是人生幸福的重要前提。如果你渴望轻松,渴望真正地获得生命的意义,那么请记住——看淡名利。

话说乾隆皇帝有一次下江南微服私访时,来到江苏镇江的金山寺,从这里可以看到山脚下大江东去,百舸争流的情景,好一派恢宏的气势,乾隆皇帝忍不住兴致大发,于是他便随口问一个老和尚:"你在这儿住了几十年,可清楚每天来来往往多少只船

只?"老和尚回答说:"我只看到两只船,一只为名,一只为利。"和尚一语道破天机。是的,人活在世上,无论贫穷富贵,都免不了要和"名利"二字打交道,况且绝大多数的人也是难过名利关的,因为人世间实在是有太多的诱惑。

虽然名利与我们每个人的生活息息相关,但实质上它也只不过是身外之物,且追名逐利还会给人带来无尽无休的苦恼。难怪诸葛亮在他儿子8岁的时候就教导他:"非淡泊无以明志,非宁静无以致远"。这句话千百年来也成为许多人修身养性的名言警句和座右铭。行至水穷处,坐看云起时,是一种淡泊;古今多少事,都付诸谈笑中,更是一份淡泊。淡泊是一种崇高的精神境界和心态,是对人生追求在深层次上的定位;淡泊是一份豁达的心态,是一份明悟的感觉。有了淡泊的心态,就不会在世俗中随波逐流,就不会对他人牢骚满腹,攀比嫉妒。

人生的大部分烦恼都来自非分的欲望,只有淡泊的心态才能使人处于平和的状态。如果你珍惜自己的生命,就请修养自己的身心,千万不要掉进名利的陷阱中。

人总有一天会走到生命的尽头,那个时候一切名利都如同过眼云烟,千金散尽,只有淡泊的精神长存世间。唐朝著名的大诗人李白就是因为淡泊名利才作出了千古佳句:"安能摧眉折腰事权贵,使我不得开心颜。"在战事纷扰的古代,尚有人能达到这种豁然达观的处世境界,在今天,我们更应该淡化利欲之心,超然出世。

第一个发现镭元素的科学家居里夫人,就是一个不贪求名利的人,她不但放弃了可以使她坐享财富的专利权,同时对名誉声望也看得很轻。

有一次英国皇家学会授予了居里一枚奖章,这是一种极高的荣誉,然而,当居里夫人的一位女友在事后不久来到她家做客的时候,却看见那枚奖章正被居里夫人的小女儿很随便地拿在手中把玩。这位朋友很不理解,便向居里夫人提出质疑——为什么如此贵重的东西竟然随便地拿给孩子玩,要知道,那代表的可是一份极为尊贵的荣誉啊!

而居里夫人的回答则引人深思:"我只是想让孩子从小就明白一个道理,荣誉这东西像玩具,你只能玩玩而已,千万不能太当回事,否则你以后就会一事无成。"居里夫人看似轻描淡写的一句话,却足以使每个人重新思索和审视自己对于名利问题的原有态度和一贯做法。

能把名利得失置之度外,凡事都能以诚相待的人,他的一生将是快乐的。我们应从平淡的生活中去提炼、去体会快乐,比如赤诚待人的快乐、助人为乐的快乐、低待遇下一如既往地工作的快乐、一片至诚去感化恶人的快乐、热心被人误解依然如故的快乐、尽职尽责吃苦耐劳的快乐……这些快乐都能使人保持好心情,使人的笑容永远可爱亲切。

人人都有名利之心,这是不可避免的,但是我们不能对名利过分苛求,而是要把心态摆得端正,这样即使没有了名利,我们照样会活得有滋有味、快快乐乐。

### 成 长 智 慧

一个人如果拥有一颗纯真的心灵,在自己应该做的事情之中尽了全力,他的成就自然而然就会显现出来,他理所当然的可以得到应该得到的人世间的荣耀。淡泊名利、无求而自得才是一个人走向成功的起点。

## 减少一点儿想要的，生活得会更轻松

虚荣心很难说是一种恶行，然而一切恶行都是围绕虚荣心而产生，都不过是满足虚荣心的手段。——柏格森

有人说，人生就是"有想要的—得到想要的—再萌生另一些想要的"过程，它的动因是永不满足。这些"不满足"总是把人"想要的"引向更高层次。人的欲望是无穷无尽的，但是欲望是不可以泛滥的，也就是说，"永不满足"应该有个刹车装置，就是适当减少一些想要的。

如果人能够抑制自己过盛的欲望，就不会被欲望所困所累，甚至能够做到化险为夷，避凶趋吉。"能要"的意思是说，在个人能力范围许可下，以努力付出而获得所需要的东西，倘若能力不足，就该退让，不必强求。

有这样一则外国的志怪故事，讲的是在强盗藏宝的山洞中，留下一堆寻宝人的遗骨残骸，而洞里的金银珠宝却不见减少。原来那些寻宝的人都是因为过于贪婪，见到不计其数的宝物心乱神迷，恨不能全部攫为己有，他们使劲地往腰间缠、怀中揣，全然忘记了身处是非之地，而他们因此耽误了时间，或是因为让返回的强盗们逮住而被杀死或被重新关闭的石门封死在山洞中。

有位哲人说过，不为贫困而烦恼有两个方式：增加你的收入或减少你的欲望。在严格比较后，我们发现增加收入和减少欲望相比，前者还需要考虑除了主观以外的一些客观条件，所以我们应该果断地选择后者。人生在得到的同时，总要付出一些代价。正确认识得与失，人就会在得到的时候，懂得必然的失落；也会在失落的时候，懂得如何从失落中找回自我。

从前有一个庄稼汉，一生没见过盐巴，也没吃过盐巴。有一天有一个机会他到显贵人家做客，他第一次看到人家把盐巴加到饭菜里一起煮，他觉得很好奇，就问他们说："为什么要加这种东西在饭菜里面呢？"

"因为饭菜加了盐巴，吃起来才会好吃，就像天上的美味佳肴一样啊！"显贵人家说。

庄稼汉听了心里头便想："这种白盐巴，加一点点在饭菜里，就这么好吃。如果单独只吃盐巴，吃得越多，味道一定越美。"

于是他迫不及待地抓了一大把盐巴往嘴里塞，哎呀！没想到又苦又涩，实在是难以下咽。

他气不过去，马上跑去问主人："你不是说盐巴很好吃吗？"

主人说道："你怎么这么笨呢！盐巴不是这样吃的，适量使用才能增加食物的美味，哪像你只是吃盐巴的。"

吃菜的时候，如果没有盐巴就会食之无味，但是，如果贪得无厌，就品尝不到应有的美味。

有些时候，一个人所拥有的东西并不一定是越多越好，凡事都要适可而止。

有位印第安酋长曾经对他的子民们说："上帝给每一个人一杯水，于是，你从里面品味生活。"生活就像是一杯水，杯子的华丽与否显示不了一个人是贫穷还是富有，但是杯子里的水是清澈透明的，对任何人都一样。接下来，你有权利往里面加盐或是放糖，只要你喜欢，你可以往里面添加任何东西。

人都是有欲望的，会不停地往杯子里加水，或者放糖，但必须适可而止，因为杯子的容量有限。啜饮的时候，你要慢慢地品味，因为你只有一杯水，水喝完了，杯子便空了。

生活当中，也有很多人为了让自己的这杯水色香味俱全而往里面加各种各样的作料，例如爱情、友情、金钱和喜怒哀乐等，所以他们都感觉活得非常累。其实，只要你适度地、有选择地放入作料，你不但不会感觉疲倦，反而会感到生活是有滋有味的。

## 成 长 智 慧

人不能无欲，无欲让人懒怠慵懒，不思进取，停滞不前，而人要想活得轻松快乐，就要保持平和的心态，减少一点儿想要的。也就是说，人可以有想要的，但要适度追求。过分强烈、过分膨胀的欲望不但不能带来幸福生活，反而会危及身心健康。

# 第六章

## 处世要懂得守愚，做人要学会低调

"守愚"是人世间最为高尚的美德，这种处世态度，包括了愚者的智慧、隐者的力量和真正熟知世故者的简单。凡人皆有凡心，遇事常生杂念，所以真正做到守愚处世，并不容易。虽然我们很难如愚若怯，世事洞明，达观为人，但仍要学会低调做人，以求得人生的大自在与大造化。这其中有些戒律当谨记严守，以安身立命，谋得幸福人生。

# 糊涂看似是糊涂,实则是一种大智慧

难得糊涂不是真糊涂,而是表面糊涂心里明白。——王阳

没有人不承认清朝大画家郑板桥是一位大智者,但他却有一方闲章"难得糊涂"。此章一经刻出,便立刻变成了某些人津津乐道的座右铭,多少年来诸多文人雅士大多把此言做成条幅,悬挂于书斋居室客厅,或是自勉,或是添些雅气。仿佛有许多人生的禅机一下子从这四个字中折射出了哲学的光辉,于是,这世上便有了糊涂哲学。

人活于世,显得太傻气不行,显得太聪明也不行。所谓"不智不愚",其实就是假借糊涂之象行聪明之道的大哲学。

郑板桥先生的"难得糊涂"中的"糊涂"是一门学问,不仅高雅,哲理也很深。"难得糊涂"中的"糊涂",并不是真糊涂,而是假糊涂,嘴里说的是糊涂话,脸上反映的是糊涂的表情,做的却是明白事。因此,这种糊涂是人类的一种高级智慧,是精明的另一种特殊表现形式,是适应复杂社会、复杂情景的一种高级的、巧妙的方式。所以,有时说话办事不妨就糊涂点,闭上一只眼睛,或两只眼睛都闭上。

一个老和尚和一个小和尚来到河边,一个年轻姑娘正犹豫着如何过河,看到和尚们来了便求和尚们帮忙。

老和尚念了一声"善哉",便抱着姑娘过了河,姑娘千恩万谢地走了。走了相当长的一段路,小和尚突然说:"出家人不近女色,师傅你犯戒了。"老和尚哈哈大笑道:"我早就放下了,怎么你还抱着?"小和尚听后面红耳赤。

很多人在处世的时候就像这个不懂真谛的小和尚,使自己的心态处于不平和之中。

人常说:"给人方便,与己方便。"难得糊涂无非就是给人方便,人就会对我们也方便。两个过于精明的人就像两只酣斗的鸡一样,非要分出你胜我败来,这于身心的健康是没有什么益处的。

一个人在处世、生活中学会难得糊涂,会在很多方面受益无穷。

人们借助"难得糊涂",可以有效地保护自己,恰当地表现自身的才能,充分显示自己的心胸之宽广、气宇之不凡。凡是世上能成大事者,或多或少都有"难得糊涂"的这番功底,但是,"难得糊涂"又是一种比较深奥的人生哲学,能不能实践并不是靠一时心血来潮的冲动,它所需要的是一个人丰富的社会经验和复杂的人际技巧,因此对希望实践"难得糊涂"的人来说,就有一个怎样"糊涂"的问题。

一名实习生在学校实习期间,在黑板上刚写了几个字,学生中突然有人叫起来:"老师的字比我们李老师的字好看。"

真是语惊四座,单纯的学生哪能想到此时后座的班主任李老师是怎样的尴尬。对这位实习生来说,初上岗位,就碰到这般让人难堪的场面,的确使人头疼,以后怎样同这位班主任共度实习关呢?转过身来谦虚几句,行吗?不行。这位实习生灵机一动,装作没有听到,继续写了几个字,头也不回地说:"是谁在下边大声喧哗,不安安静静地看课文。"

此语一出,后座的李老师顿时轻松多了,尴尬局面也随之消除。

在这里,实习生就是巧妙地运用装糊涂,避实就虚,即避开"称赞"这一实体,装作没有听清楚,而攻击"喧闹"这一虚像。既巧妙地告诉那位班主任"我"根本没有听到,又打击了那位学生的称赞兴致,避免了他误认为老师没有听见的可能,再称赞几句,从而再次造成尴尬局面。

俗话说:"生活拒绝烦恼,生存拒绝污染。"活着太累的人,总是给自己太多的包袱,觉得自己左右为难。其实,人与人之间的关系不是一方一厢情愿便可以确立的,它需要的是双方的相互付出。所以,我们并没有必要时刻患得患失。在工作和生活中,我们要想活得轻松自在,就要学会"难得糊涂"的处世方式,在可以糊涂的时候,糊涂一把。

## 成 长 智 慧

糊涂是一种忍让,是一种大度和宽容。别把很多事情看得那么重,别对很多事情斤斤计较。应该做到在无关紧要的事情上能让就让,能忍则忍。有时候睁只眼闭只眼会避免很多的烦恼,还能赢得良好的人际关系。

## 凡事不要太较真，后退一步才是路

什么事都较真，什么事都太过认真，你会没有朋友的。

——李嘉诚

古人云："水至清则无鱼，人至察则无徒。"所以，做人固然不能玩世不恭，游戏人生，但也不能太较真，认死理。太认真了，就会什么都看不惯，连一个朋友都容不下，把自己同社会隔开。镜面很平，但在高倍放大镜下，就会凹凸不平；肉眼看似干净的东西，拿到显微镜下，满目都是细菌。试想，如果我们戴着放大镜、显微镜生活，恐怕连饭都不敢吃了。再用放大镜看别人的毛病，恐怕那家伙罪不容诛、不可救药了。

有很多人败就败在"较真"二字上。他们对别人要求得过于严格甚至近于苛刻，他们希望自己所处的社会一尘不染，事事随心，一旦发现一件鸡毛蒜皮的小事不符合自己的设想，就怒气冲天，大动肝火，摆出势不两立的架势。若总觉得世界之上，众人皆浊，唯我独清，众人皆醉，唯我独醒，人就会变得愤世嫉俗，牢骚满腹。

人们常说："凡事不能太较真。"一件事情是否该认真，这要视场合而定。钻研学问要讲究认真，面对大是大非的问题更要讲究认真。而对于一些无关大局的琐事，不必太认真。不看对象、不分地点刻板的认真，往往使自己处于尴尬的境地，处处被动受阻，每当这时，如果能理智地后退一步，往往能化险为夷。

古今中外，凡是能成大事的人都具有一种优秀的品质，就是能容人所不能容，忍人所不能忍，团结大多数人。他们极有胸怀，豁达而不拘小节，大处着眼而不会目光如豆，从不斤斤计较，纠缠于非原则的琐事，所以他们才能成大事、立大业，使自己成为不平凡的伟人。

美国教育专家戴尔·卡耐基可以说是处理人际关系的"老手"，然而他在年轻时，也曾犯过小错误。有一天晚上，卡耐基参加一个宴会。宴席中，坐在他右边的一位先生讲了一段幽默故事，并引用了一句话，意思是"谋事在人，成事在天"。那位健谈的先生提到，他所引用的那句话出自《圣经》。然而，卡耐基发现他说错了，他很肯定地知道出处，一点疑问也没有。为了表现自己，卡耐基认真又讨嫌地纠正了过来。那位先生立刻反唇相讥："什么？出自莎士比亚的作品？不可能，绝对不可能。"卡耐基的话使那位先生一时下不来台，使他不禁有些恼怒。

那晚回家的路上，卡耐基对葛孟说："法兰克，你明知道那句话出自莎士比亚之口。""是的。"葛孟回答，"在《哈姆雷特》第五幕第二场，可是戴尔，为了那么一点小事就和别人较起劲来，值得吗？再说，我们是宴会上的客人，为什么要证明他错了？那样会使他喜欢你吗？他并没有征求你的意见，为什么不保留他的脸面而说出实话得罪他呢？"

法兰克所说的道理人人皆知，但并非人人都能做到。正如他所说，一些无关紧要的小错误，放过去无伤大局，那就没有必要纠正它。这不仅可以使自己避免了不必要的烦恼和人事纠纷，而且也照顾到了对方的名誉，不致给别人带来无谓的烦恼。这样做并非只是明哲保身，而是为了体现为人的大度。

在人际交往中，可能发生的小错误很多，有的是在称呼上，如将经理称为科长，将小姐称为太太、夫人，甚至连姓氏有时也会搞错。有的是在谈话所表述的内容上，把"第二次世界大战"说成是"第一次世界大战""莫泊桑"说成了"巴尔扎克"等，诸如此类鸡毛蒜皮，与谈话主题没有多大关系的小错误，发生在谈话者之间，我们就没有必要纠正它，视而不见，听而不闻是最好了。这样不但能保全对方的面子，维持正常的谈话气氛，还能使我们有意外收获——在对方和在场的人的心目中建立良好的印象。

当然，要真正做到不认真、能容人，也不是简单的事情，我们需要有良好的修养，需要善解人意，需要从对方的角度设身处地的思考和处理问题，多一些体谅和理解，多一些宽容，就会多一些和谐。

### 成长智慧

"人非圣贤，孰能无过。"与人相处，如果眼里不揉半粒沙子，什么鸡毛蒜皮的小事都要论个是非曲直，容不得人，人家就会躲我们远远的，最后，我们只能关起门来"称孤寡道"。相反，如果我们能互相谅解，求大同存小异，有肚量，能容人，我们才会有更多的朋友。

# 不争一子之得失,争一步不如让一步

> 学一分退让,讨一分便宜。增一分享用,减一分福泽。
>
> ——弘一法师

象棋是中国人的发明,其中蕴藏着中国人的人生智慧。

高手往往能从大局出发,不争一子之得失,着眼于长远,走一步看三步,甚至更多,有战略布局造势,有策略设圈埋伏;而低手,只能从局部出发,走一步看一步,无长远眼光,为争一子之得失往往陷于对手之圈套,损城失地,直至输棋。

人与人之间需要相互帮助和忍让,缺少这两样便什么事也干不了。如果遇事斤斤计较、小题大做,在给对方设一道门的时候,其实也把自己堵在了门外。

两个人在一架独木桥中间相遇了,桥很窄,只能容一个人通过。两人都想着让对方给自己让路。

一个说:"我有急事,你让我先过。"

另一个人说:"我们谁也不愿让,那就同时侧身过桥。"

两人一想也对,就侧过身子脸贴脸地过桥。这时一个人暗暗推了另一个人一把,另一个在挣扎中抓住了他,两人同时掉进了水里。

墨子曾说:"恋人者,人必从恋之;害人者,人必从害之。"

构建平和的心境，争一步不如让一步，这也是我们得到方便的根源。

做人是一生的学问，凡是在争来争去中度过时光的人，都算不上真正懂得做人底线的智者。与之相反，"求让"则是保证能够安心做事的重要的做人底线。

暂时的让步不是吃亏，而是为了更好地前进，为了下一个目标做准备，这就是做人的道理，赢在结果，不强调过程。

王林是一个化妆品公司的推销员，王林的公司几次想与另一个化妆品公司合作都未如愿。经过王林的不懈努力，该公司终于答应与王林的公司合作，但有一个要求：要在其化妆品广告词中加上该公司的名字。

王林公司的老总却不同意，认为这是花钱替别人打广告，协商又陷入僵局，合作公司限王林的公司两天内回话。

王林听到这个消息，直接找到老总，让他赶紧答应，否则会错失良机。老总不乐意地说："我坚决不妥协，他们这是以强欺弱。"

王林认为把产品和一个著名的品牌绑在一起是有利的，经他的劝说，老总终于同意了合作的条件。事情正像王林预料的一样，公司的生产蒸蒸日上，销售额直线上升，王林也因此被提升为业务总经理。

实际上，让一步是在冷静中窥伺时机，然后准确出击。

清朝康熙年间，文华殿大学士兼礼部尚书张英在京做官，在安徽桐城的家人起房造屋，因与邻居争地皮而发生了争执。张老夫人便修书传至北京，要张英出面干预。张英见识不凡，看罢来信,立即作诗劝导老夫人:"千里家书只为墙,让他三尺又何妨?万里长城今犹在,不见当年秦始皇。"张母见书明理,立即把墙主动退后三尺;邻家见此情景,深感惭愧,也马上把墙让后三尺。这样,两家的院墙之间就形成了六尺宽的巷道,成了有名的"六尺巷"。

张英失去的是祖传的几分宅基地,换来的却是邻里的和睦及流芳百世的美名。

《菜根谭》中说:"径路窄处,留一步与人行;滋味浓时,减三分让人尝。此是涉世一极安乐法。"妥协从退让开始,以胜利告终,表面是以对方利益为重,实际是为自己的利益开道。以小让步换取大踏步的前进,何乐而不为?

"争"与"让"的区别在于:"争"在于不失分寸,"让"在于敢舍一切。如果用"争"的方法,我们绝不会得到满意的结果;但用"让"的方法,收获会比预期的高出许多。语言的杀伤力也是巨大的,如果我们非要在嘴上一争高下,倒不如让步为好。

承认自己有错总让人有些难堪,心中总有些勉强,但这样做可以把事情办得更加顺利,成功的希望更大,带来的结果可以冲淡认错的沮丧情绪。况且大多数情况下,只有我们先承认自己错了,别人才可能和我们一样宽容大度。这就像拳头出击一样,伸着的拳头要再打人,必须要先收回来方有可能。

遇到争论时,首先做出让步,这是有礼貌的表现,而不是伤面子的行为。如果执意争吵,只会对双方都造成伤害。因此,快速、真诚地让步,承认自己的错误,我们就会拉近与对方的距离,在他人觉得我们真诚的情形下,他也会更加真诚地待我们。

当我们对的时候，我们就要试着温和地、有技巧地使对方同意我们的看法；而当我们错了时，就要迅速而真诚地认错。这种技巧不但能产生惊人的效果，而且会让我们把办不成的大事办成。人们最容易被"让"所打动，最容易被"争"所激怒。让与争关系的选择，常为低调做人的智者所把握，成为他们行之有效的做人方式。

## 成长智慧

凡事让一步是一种谨慎的处世方法，适当的谦让不仅不会招致危险，反而是寻求安宁的有效方式。个人生活中，除了原则的问题必须坚持，对于小事，对于个人利益，谦让一下会带来身心的愉快，以及和谐的人际关系。

## 看似没有智慧，实则是大智若愚

一知半解的人，多不谦虚；见多识广有本领的人，一定谦虚。——谢觉哉

"大智若愚"从字面上理解，"大智"亦即最高的智慧接近于没有智慧，接近于木讷，接近于"愚"。大智若愚重在一个"若"字上，"若"字设计了巨大的假象与骗局，掩饰了真实的野心、权欲、才华、声望、感情。

日常生活中，我们常常可以看到这种现象：一些很有学问和修养、心里明白的人，表面却显得愚钝，他们既不与人钩心斗角，也不用心算计。正因为这样，一些无知的人反倒取笑他们，背后议论他们，并自以为聪明得计。

其实，但凡具有大智慧、大聪明之人，他们都胸怀坦荡，胸襟豁达，明白大道理，对于身边琐事一目了然，当然用不着处处用心，甚至为一点鸡毛蒜皮的小事而与人斤斤计较。因此，他们心中总是很安逸，行为也总是很超脱。

美国第九任总统威廉·亨利·哈里森出生在一个小镇上。他是一个既文静又怕羞的孩子，人们都把他看作是个傻瓜。

镇上的人常常喜欢捉弄他。他们经常把一枚五分的硬币和一枚一角的硬币扔在他面前，让他任意捡一个。威廉总是捡那个五分的，于是大家都嘲笑他。

有一天，一个妇人看到他很可怜，便对他说："威廉，难道你不知道一角要比五分值钱吗？""当然知道，"威廉慢条斯理地说，"不过，如果我捡了那个一角的，恐怕他们就再也没有兴趣扔钱给我了。"

愚、拙、屈、讷都给人以消极、低下、委屈、无能的感觉，完全是一副弱者的表现，使人对其难以产生良好的第一印象，使人放弃戒备或者与之竞争的心理，使人轻视和忽视了他。但愚、拙、屈、讷有时却是为了迷惑外界而人为制造的假象，目的正是为了减少对方的压力，松懈对方的警惕，或使对方降低对自己的要求，而使自己轻松获益。

塔克文是罗马的最后一代国王，他残暴地杀害了布鲁图斯的父亲和哥哥。布鲁图斯装成傻子才得以幸免。布鲁图斯装傻子装得极为逼真，以至于国王认为他可以作为笑料被留在宫中任意行走，国王经常把他当作开心的玩物。

罗马有个美女叫圣瑟雷提亚，她已经嫁了人，却被国王抢进了宫，但她拒不从命，为了贞洁和自由而自杀了。

布鲁图斯去找这个美女的丈夫和父亲，要他们发誓为她报仇。他得道多助，撕下了傻子的伪装，用慷慨激昂的演说动员起人民，又赢得了军队的支持，终于推翻并放逐了国王，结束了罗马的专制时代，建立了罗马共和国。布鲁图斯和他的战友考拉提督斯当选为首席执政官。

这种甘为愚钝、甘为弱者的做人之术实际上是精于算计的渊薮，使自己不露真相，从而达到麻痹和迷惑敌人，取得最后成功的目的。

有时看似愚蠢可笑的行为，对于一位领导者来说，可能隐藏着更大的智慧，有着更加深刻的行为动机。

意大利有家公司，因为专营中国食品，就取了个具有中国特色的名字，叫"重庆公司"。有一次，一个叫史坦·费里贝格的广告高手对该公司老板鲍洛奇夸口说："不管什么商品，只要由我来给你做广告，保证会打开销路。如果失败，我情愿用人力车拉着你在大街上跑一圈，你信不信？"鲍洛奇听了，眼珠一转，立刻心生一计，他十分认真地对费里贝格说："这样吧，现在我正好有一批商品还未销出去，你给我做个广告试试，如果成功了，我也情愿用人力车拉你跑一趟。"当时鲍洛奇已是腰缠万贯的大富翁，真的会有上街拉车的勇气吗？费里贝格担心他食言，还特意请人做证。

过了不久，费里贝格果真把鲍洛奇的商品推销了出去。他得意扬扬地找到鲍洛奇，心想看你如何下台，他没有想到鲍洛奇毫不犹豫地用人力车拉着他在大街上跑，这可真是难得一见的新鲜事儿，一下子吸引了大批围观的人群。在众目睽睽之下，鲍洛奇非但不在乎，还频频向人们招手致意，有人甚至怀疑他是不是神经出了毛病。热闹的场面把电视台的记者也惊动了，他们赶到现场拍照录像，并在当晚的黄金时段播出。第二天，当地的报纸又在显著位置加以报道。好家伙，这么一来，全城差不多人人都知道了"重庆公司"的老板，知道他说话算话。通过这次影响广泛而又不花分文的广告宣传，鲍洛奇公司的存货几乎被一扫而光。

大智若愚是苏武的观点，指的是用愚笨掩盖自身的聪明，以保全自己的人格。这种做法也可以使自己不随波逐流。大智若愚，在"愚"中等待时机，不仅可以将有为示无为，聪明装糊涂，而且可以若无其事，装着不置可否的样子，不表明态度，然后静待时机，把自己的过人之处一下子显现出来，打对手一个措手不及。

## 成长智慧

大智若愚的关键是心中要有对付对方的策略，能用"糊涂"来迷惑对方耳目，宁可有为而示无为，万不可无为示有为。本来糊涂反装聪明，就会弄巧成拙。大智若愚被普遍认为是做人最高最玄妙的境界，如果有谁能得到大智若愚的评价，那表明他可以在人生的舞台上立于不败之地了。

## 做人要低调点，不要过分表现自己

谦逊基于力量，高傲基于无能。——尼采

一个人要想得到别人的认可，就得善于表现自我，但是表现过分反而会遭到别人的反感，让自己寸步难行。因此，适当的低调些，适度地隐藏自己的实力是明智之举。如果不懂得低调做人的要义，处处表现自己，处处盛气凌人，就很容易令他人产生反感，使自己的工作不好开展，甚至被人敌视，处处碰壁。

林丹刚下岗，她好不容易在理发店找到了一份工作，她觉得应该主动找事做。于是，她每天赶在大家来之前，就把地拖了，把所有的理发器具也擦得一尘不染。

林丹没想到的是，自己的"过分表现"却引起了别人的不快。原先负责搞清洁的女孩表现得很不高兴，老跟林丹过不去。幸好后来有了个机会，才使两人消除了误会。林丹这才意识到自己无意中把别人的工作抢了。

很多刚走出校门的毕业生，都有大干一番事业的豪情壮志，所以到了新单位，他们干什么事都想冲在前面，希望给别人留一个好印象。实际上，这样高调张扬的表现反而容易弄巧成拙。

毕业于名校、能力出众的许军刚到单位工作时，为了突出自己的能力，不仅把自己的工作做好，还处处帮助同事。一开始，同事们还很喜欢他，可后来他发现同事们个个都疏远他，部门主管也时常刁难他，这让他一头雾水。

后来他无意间听到同事们在背后的议论才知道，自己在他们眼里"锋芒毕露，争强好胜，看似帮助同事，实则在为自己的功劳簿上添功"。同事小陈说："他这个人虽然没有害人之心，但太过于表现自己了，总把别人看成自己的竞争对手，而想方设法压倒别人，特别是有领导在场的时候他更这样。那次，我的电脑遇到了一个小问题，我叫钱姐帮忙，当钱姐正在帮我修理的时候，许军却跑过来抢了钱姐手里的工具修起了电脑，还说'这么简单的事都不会做，你真笨'。虽然电脑修好了，但我心里一点也不舒服，人家又没叫你来帮忙。"

许军听到这里，才知道自己表现得有点过火。从那以后，他尽职尽责地做好自己分内的事，不再去插手别人的事，终于他赢得了同事的好感。

在同事需要关心的时候，关心他；在工作上该出力的时候，全力以赴，才是聪明的表现。而不失时机甚至抓住一切机会刻意表现出自己"关心别人""是领导的好下属""雄心勃勃"，则会让人觉得虚假而不愿与之接近。

刘炜是某政府机关一名办公室主任，谈起新人在单位急于表现的话题，他就摇头叹气。他说，有一年招了一个中文系毕业生，人是很用功，但劲儿总是使不到点子上。

毕业生来上班的第三天，看见刘炜桌上有一份领导发言稿，他觉得文章结构不够合理。于是，也没问过刘炜就自己把稿子拿回去改了。改完以后，还直接把稿子交到领导手里。

那篇稿子的初稿是刘炜写的,已经给领导看过,并根据领导的意思做了修改,文章的结构也是领导惯用的。

开会时,领导读起稿子来很不顺,因为文章的结构与自己习惯的风格相去甚远,会后,领导朝刘炜大发雷霆。

事后,刘炜把毕业生叫到办公室,那位毕业生不但不觉得自己做错了事,而且还辩解说是为领导好,最后导致办公室里的人都有点讨厌他。

无论是刚从校门走进社会的毕业生,还是在跨国公司间跳槽的资深职业经理人,到了一个全新的工作环境,总会希望尽快展现自己的才华,以求得到别人的认同。急于显示自己的能力,这是很多新人的通病,也是人之常情。

对于刚来的新人,上司对他的工作表现一般都会比较宽容。虽然他们与新人见面时,都会谈及公司的不足,并说些鼓励的话,比如"希望你的到来能为公司注入新的活力"等等。实际上,他们不会指望新人一进公司就能马上做出成绩,他们会通过一些小事观察新人的为人、品性、工作态度等,据此形成一个基本判断,这个判断会影响上司将来对这位新人的使用。此外,作为上司,他们并不希望新人的到来一下子打破原有的平衡,就算他们有计划用新人来替代原来的员工,但也希望能平稳过渡。

要做一个有心计的人,在刚开始接手某件事情的时候,要学会低调,适当地隐藏自己的实力,把自己的点滴归功于他人,韬光养晦,这样才能一鸣惊人。

清朝咸丰年间,曾国藩曾经率领湘军打败了太平军,按道理讲他应居头功,但是当他和另外几名官员一同去向皇上禀报时,他则说的是湖广总督指挥得当,还罗列了一大串功臣名单,对自己的功劳,他则如同蜻蜓点水,只是轻描淡写地说了几句。

曾国藩功高震主,而且手中握有兵权,势必会引起朝廷的猜忌。可是他低调谦和,毫不邀功,没有一点儿表现自己的意思,甚至主动提出解散湘军,反倒使皇上打消了对他的顾虑。谦和、低调的姿态使曾国藩赢得了朝廷的信任和重用,也成了他的长保之道。

## 成 长 智 慧

很多人都认为,工作时一定要突出自己的能力,只有这样才能坐稳自己的位置,因此,在工作时就处处争强好胜,想把自己的能耐都表现出来。但他们没有想到"欲速则不达",过犹不及,处处锋芒毕露只能引起同事的反感,而正确的做法是,帮助同事要有诚心,表现能力时要不温不火。

# 结束语

在学习、生活和工作中,我们经常会遇到选择与放弃两难的境遇。

当我们需要做一个决定时,常常会面临两个或多个选项,这就要求我们善于分析比较,做出明智的选择,放弃那些弱势选项。如果一个人不懂得选择和放弃的智慧,那么当他面对人生的选项时则会出现犹豫不定、迟迟难下结论的情况,最终必然会错过难得的机会。

鱼和熊掌不可兼得,正是对"学会选择,懂得放弃"这句话的诠释。选择是成功者前进路上的航标,只有量力而行的选择,才会拥有更辉煌的成功。放弃是智者面对生活的明智取舍,只有懂得何时放弃的人,才会事事如鱼得水。